Uwe F. W. Bauer
Ursula Wyss

Zwei Dinge sind es, die ich hörte

Uwe F. W. Bauer
Ursula Wyss

Zwei Dinge sind es, die ich hörte

Neun Psalmpredigten (2002-2010) Mit Meditationen und Bildern von Ursula Wyss

Fromm Verlag

Impressum/Imprint (nur für Deutschland/ only for Germany)
Bibliografische Information der Deutschen Nationalbibliothek: Die Deutsche Nationalbibliothek verzeichnet diese Publikation in der Deutschen Nationalbibliografie; detaillierte bibliografische Daten sind im Internet über http://dnb.d-nb.de abrufbar.

Coverbild: www.ingimage.com

Contact:
International Book Market Service Ltd., 17 Rue Meldrum, Beau Bassin, 1713-01 Mauritius
Website: www.bookmarketservice.com
Email: info@bookmarketservice.com

Gedruckt in: USA, UK, Deutschland. Dieses Buch wurde nicht in Mauritius produziert.

Imprint (only for USA, GB)
Bibliographic information published by the Deutsche Nationalbibliothek: The Deutsche Nationalbibliothek lists this publication in the Deutsche Nationalbibliografie; detailed bibliographic data are available in the Internet at http://dnb.d-nb.de.

Cover image: www.ingimage.com

Contact:
International Book Market Service Ltd., 17 Rue Meldrum, Beau Bassin, 1713-01 Mauritius
Website: www.bookmarketservice.com
Email: info@bookmarketservice.com

Printed in: U.S.A., U.K., Germany. This book was not produced in Mauritius.

ISBN: 978-3-8416-0215-2

Uwe F. W. Bauer

«Zwei Dinge sind es, die ich hörte»

Neun Psalmpredigten (2002-2010)

mit **Meditationen** und
Bildern von **Ursula Wyss**

Vorwort

In diesem Buch sind Psalmpredigten zusammengestellt, die ich in den Jahren 2002 bis 2010 in Hunzenschwil und Suhr hielt. Die Übersetzungen sind entweder eigene, stammen aus der Zürcher Bibel oder sind Mischformen. Der Text von Psalm 92 ist strukturiert, weil das für das Verständnis der Predigt wichtig ist. Der Gottesname JHWH ist konsequent mit HERR in Kapitälchen wiedergegeben. Wer will, kann in Analogie zum Auswahlmenü der «Bibel in *gerechter* Sprche» einen anderen Gottesnamen lesen. Das Zitat im Titel stammt aus Psalm 62,12a – Uwe F. W. Bauer

Als ehrenamtliche Redaktorin schreibe ich seit April 2006 monatlich eine Kurzmeditation für das Publikationsorgan der Kirchgemeinde Suhr-Hunzenschwil. Dort sind die meisten der in diesem Band abgedruckten Texte bereits erschienen. Es sind Versuche, den Leserinnen und Lesern die befreiende Botschaft des Evangeliums in verdichteter zeitgemässer Sprache zu vermitteln. Die Bilder nehmen Bezug auf die entsprechenden Meditationen. Sie sind mit schwarzer Tusche und weisser Acrylfarbe auf Japanpapier gestaltet. – Ursula Wyss

Wir danken Edgar Kellenberger für die kritische Lektüre und Rudolf Nussbaum für die Korrekturen.

Inhaltsangabe

Versöhnte Verschiedenheit

Psalm 133
Amtseinführung 1.9.2002

Liebe Gemeinde,
die scharf bewachte Grenze zwischen Nord- und Südkorea. Die ehemalige Berliner Mauer mit dem Todesstreifen und dem Schiessbefehl. Der neue Sicherheitszaun zwischen Palästinensern und Israelis. Diese drei Zeichen der Unversöhnlichkeit fallen mir bei unserem heutigen Predigttext Psalm 133 sofort ein. Solcher Unversöhnlichkeit setzt der Psalm eine radikal andere Perspektive entgegen. Ich lese Ihnen den Text vor. Er enthält anspruchsvolle Sprachbilder:

1 «Ein Lied für den Aufstieg nach Jerusalem.
Von David.
Sieh, wie gut und schön ist es,
wenn Brüder beieinander wohnen.
2 Wie das köstliche Öl auf dem Haupt,
das herabrinnt in den Bart,
in den Bart Aarons,
das herabwallt auf den Saum seiner Gewänder.
3 Wie der Tau des Hermon,
der herabfällt auf die Berge Zions.
Denn dort gewährt der HERR den Segen,
Leben bis in Ewigkeit.»

«Wie gut und schön ist es, wenn Brüder beieinander wohnen.» Und die Schwestern? Hat die Bibel als ein Text aus der Antike nur die Männer als die damaligen Entscheidungsträger im Blick? Sicher verhält es sich mit vielen biblischen Stellen so. Die Perspektive ist eine männliche. Ich denke jedoch, dass es in Psalm 133 anders ist. Die Brüder, die der Psalm erwähnt, stehen hier für zwei Völker, Völker von Männern und Frauen. Dass die im Psalm erwähnten Brüder ganze Völker meinen, wird klar, wenn man eine andere Stelle der Bibel hinzuzieht, die mit unserem Psalm eng verwandt ist. Ich meine Verse, in denen es um Jakob und Esau geht. Isaak, der Vater, möchte nicht seinen jüngeren Sohn Jakob segnen, sondern seinen älteren Sohn Esau. Doch Jakob erschleicht sich den Segen, indem er die Kleider Esaus anzieht. Der Vater ist blind und kann seine Söhne nur am Geruch unterscheiden. In Genesis 27,27f heisst es: «Da roch er den Geruch seiner Kleider, und er segnete ihn und sprach: Sieh, der Geruch meines Sohns ist wie der Geruch des Feldes, das der HERR gesegnet hat. Gott gebe dir vom Tau des Himmels und vom Fett der Erde, Korn und Wein in Fülle.» Wie im Psalm von Öl, von Tau und von Segen die Rede ist, so auch hier. Die Beziehung zwischen den beiden biblischen Stellen hilft uns, den Psalm besser zu verstehen. Die Brüder, von denen der Psalm spricht, sind Jakob und Esau. In Genesis stehen Jakob und Esau für die Völker Israel und Edom. Wie Nord- und Südkoreaner oder Palästinenser und Israelis liegen auch Jakob und Esau im Streit. Letztere liegen nicht nur im Streit wegen des Betrugs um den Segen. Jakob und Esau trennt auch der Besitz. Sie sind zu reich. Zu viel Reichtum und Besitz macht einsam. An einer anderen Stelle in Genesis steht, dass ihr Besitz zu gross war, als dass sie zusammen wohnen konnten. Demgegenüber sagt der Psalm: «Wie gut und schön ist es, wenn Brüder beieinander wohnen.»

Psalm 133 hat also keine individuellen Brüder im Blick, sondern denkt an zwei Völker oder, etwas allgemeiner formuliert, an zwei Gemeinschaften. Menschen verschiedener Gemeinschaften sind auch heute in unserem Gottesdienst versammelt. Unter anderem sind es: Deutsche und Schweizer. Suhrer und Hunzenschwiler. Anders als Jakob und Esau sind Deutsche und Schweizer im Jahr 2002 nicht zerstritten. Vor einem halben Jahrhundert sah das anders aus. Einige der Schweizer unter uns erlebten die deutsche Bedrohung noch hautnah. Vielleicht gibt es sogar den einen oder die andere, die sich fragen, ob es denn ein Nichtschweizer, und dazu noch ein deutscher Pfarrer sein musste. Deutsche und Schweizer sind heute nicht zerstritten, wohl aber verschieden. Ich denke zum Beispiel an Sprachunterschiede – wie beim Wischen und beim Fegen. In der Regel verstehen Deutsche unter Wischen mit dem Putzlappen nass zu reinigen und unter Fegen mit dem Besen Staub zu entfernen. Da staunten meine Frau und ich nicht schlecht, als es hiess, dass die lange Einfahrt zum Pfarrhaus von uns zu wischen sei. Wir sahen uns schon mit den Putzeimern ausrücken, bis sich herausstellte, dass sich Wischen hier auf den Besen bezieht.

Anders als Jakob und Esau sind auch Suhrer und Hunzenschwiler nicht zerstritten. Hier und da gibt es möglicherweise unterschiedliche Vorstellungen darüber, wie die Aktivitäten und die finanziellen Mittel der Gemeinde auf Suhr und Hunzenschwil verteilt sein sollen. Wie das sein soll, wie das sein darf, wie das ist, wenn Brüder und Schwestern, Deutsche und Schweizer, Suhrer und Hunzenschwiler gut und schön beieinander wohnen, verdeutlicht uns Psalm 133 in zwei Bildern.

Das erste Bild ist das des gesalbten Priesters: «Wie das köstliche Öl auf dem Haupt, das herabrinnt in den Bart, in den Bart Aarons, das herabwallt auf den Saum seiner Gewänder.» Salböl ist das Öl, mit dem der von Gott erwählte König oder der von Gott erwählte Prophet symbolisch für seine jeweilige Aufgabe eingesetzt wird. Ein israelitischer König, der Unterdrückte befreit, oder ein israelitischer Prophet, der das Unrecht anklagt, sind jedoch nicht mehr notwendig, wenn Brüder und Schwestern gut und schön beieinander wohnen. Der Psalm vergleicht die geschwisterliche Gemeinschaft deshalb mit dem Priestertum. Konkret mit der priesterlichen Figur schlechthin: Aaron. Der priesterliche Auftrag ist die Versöhnung und Friedenstiftung zwischen Gott und Mensch, sowie, daraus abgeleitet, zwischen Mensch und Mitmensch. Wie Aaron sind Brüder und Schwestern, die auch zusammen wohnen, zum Dienst der Versöhnung und der Friedensstiftung aufgerufen. Wie Aaron in dem Moment, in dem er von Gott von Kopf bis Fuss mit Öl gesalbt wird. Wie Aaron in dem Moment, in dem er von Gott symbolisch in sein Amt eingesetzt wird. Als Brüder und Schwestern, die gut und schön beieinander wohnen, sind wir in Suhr und Hunzenschwil wie

Gesalbte. Wir sind damit selbst zu Versöhnern und Friedensstiftern eingesetzt und aufgerufen. So wie es schon bei Hillel, einem Vorläufer Jesu heisst: «Sei von den Schülern Aarons, den Frieden liebend und nach Frieden strebend, die Menschen liebend und sie hinführend zur Tora.»[1]

Das zweite Bild des Psalms ist das der Fruchtbarkeit: «Wie der Tau des Hermon, der herabfällt auf die Berge Zions.» Der Tau tränkt die Erde und lässt so Leben gedeihen. Er senkt sich vom Berg Hermon am Rand des Landes Israel bis auf das Gebirge Zion als dessen Mittelpunkt. Wie das Öl an der ganzen Person Aarons herabrinnt, so senkt sich der Tau auf das ganze Land – von der Grenze bis in die Mitte. Als Brüder und Schwestern, die gut und schön beieinander wohnen, sind wir wie dieser Tau. Gut und schön zusammen wohnend, dienen wir dem Leben. Dem Leben von uns selbst. Aber auch dem Leben der anderen. Durch das, was wir an Lebensbejahung ausstrahlen und damit Verzweifelte ermutigen. Dadurch, dass wir uns persönlich für andere einsetzen. Durch das, was wir materiell für andere abgeben. Dadurch, dass wir für Gerechtigkeit arbeiten und beten. Dadurch, dass wir versuchen, Fremde mit den Augen Jesu zu sehen. So werden wir zu einem Segen, einem Segen für das Land. Darauf deutet auch das Ende des Psalms. Im letzten Vers heisst es, dass Gott den Segen auf Zion gewährt. Freier übersetzt, kann man auch sagen, dass Gott den Segen von Zion ausgehen lässt. Zion ist die Mitte des verheissenen Landes. Von dort, von Zion geht der Segen aus. Sein Inhalt: Leben bis in alle Zeit. Aber lässt sich dieser Gedanke nicht auch umkehren? Ich denke, der Psalm eröffnet diese Möglichkeit. Wo Brüder und Schwestern gut und schön beieinander wohnen, da ist Zion. Da ist die Mitte, von der der Segen Gottes ausgeht. Gut und schön beieinander wohnend sind wir ein Segen. Gut und schön beieinander wohnend dienen wir dem Leben – bis in alle Zeit. Dabei bleiben wir angewiesen auf die Schrift. Auf die Erzählung vom Segen Gottes, der von Zion ausgeht – für uns. Amen.

Gottes Fülle

«Denn es gefiel Gott, seine ganze Fülle in ihm wohnen zu lassen.»
Kolosser 1,19

als masslos
erweist sich
der Leben spendende
Leben bejahende Gott

Überfülle zeichnet
seine Eigenschaft
Geiz ist seinem Wesen fremd

Gottes Lust am Leben
seinem Schöpfergeist
einer Freude
die alle Grenzen sprengt
verdankt sich
alles was ist

das Universum
die Vielfalt der Arten
der Reichtum
an Farben und Formen
jeder Mensch
ein wertvolles Unikat
von Gottes Geist geprägt

nicht teilnahmslos
ist Gottes Blick auf diese Welt
verbunden bleibt er seinem Werk
mit ganzer Hingabe
will er wohnen
unter seinen Geschöpfen
Liebe im Übermass
in Christus gegenwärtig

so kann Leben gelingen
im Blick und Vertrauen
auf Gottes Fülle
zuerst das Staunen
und dann der Imperativ
empfangen ohne Verdienst
handeln als Antwort
mit dankbarem Herzen
teilen
was Gott uns bereitet
massvoll leben
aus Gottes Fülle
in achtsamem Umgang
mit allem Geschaffenen

Juli 2009

Seine Weisung

Lesung: Lukas 10,38-42

Psalm 1
Herbst 2002

1 «Glücklich der Mensch,
der nicht geht im Rat der Frevler,
auf den Weg der Sünder nicht tritt,
im Kreis der Spötter nicht sitzt,
2 sondern seine Lust hat an der Weisung des HERRN,
über seiner Weisung sinnt Tag und Nacht.
3 Der ist wie ein Baum,
an Wasserbächen gepflanzt:
Er bringt seine Frucht zu seiner Zeit
und seine Blätter welken nicht.
Alles, was er tut, gelingt ihm wohl.
4 Nicht so die Frevler,
sie sind wie Spreu,
die der Wind verweht.
5 Darum werden die Frevler nicht bestehen im Gericht,
noch die Sünder in der Gemeinde der Gerechten.
6 Denn der HERR kennt den Weg der Gerechten,
der Weg der Frevler aber vergeht.»

Liebe Gemeinde,
wenn Sie sich ein neues Sachbuch gekauft haben und anfangen darin zu lesen, stossen sie meist zuerst auf ein Vorwort. Das Vorwort gibt knapp an, wovon dieses Buch handelt. Das gleiche begegnet uns beim Psalter mit seinen hundertfünfzig Einzelpsalmen. Das Vorwort zu diesen Psalmen ist Psalm 1. Im Lichte dieses ersten Psalms wollen auch die anderen hundertneunundvierzig Psalmen verstanden, gebetet oder gesungen werden. Uns begegnen Psalmen über den Auszug aus Ägypten, über Krankheit und Gesundheit, über Gottes gute Schöpfung, Psalmen über Recht und Unrecht oder über Leiden und Ahndung. Wir hören darin von der gesamten menschlichen Erfahrung. Genauer gesagt: Die Psalmen erzählen von der Erfahrung der Menschen im Volk Israel, der Erfahrung ihres Lebens im Angesicht Gottes.

Unter all den vielen Erfahrungen, von denen die Psalmen in poetischer Weise erzählen, gibt es aber ein wichtiges, ständig wiederkehrendes Thema. Von diesem Thema hören wir im 1. Psalm: der Weg der Gerechten oder Bewährten und der Weg der Frevler. Der Psalm will uns zwei mögliche Lebenswege zeigen. Im Grunde aber doch nur einen, denn der zweite ist ein Irrweg, sozusagen der dunkle Schatten des ersten Wegs. Der Psalm spricht in der Einzahl von einem gerechten Menschen, aber in der Mehrzahl von den Frevlern. Die Frevler erscheinen als eine Art anonyme Masse. Sie sind sozusagen der Normalfall. Aus dieser anonymen Masse hervor hebt sich der einzelne gerechte Mensch. Der Mensch, nicht der Mann, wie es in älteren Übersetzungen heisst. Die Absicht des Psalms ist es denn auch, uns zur Identifikation mit diesem gerechten Menschen einzuladen und anzuregen. Wer diesen Weg wählt, den preist der Psalmist glücklich.

An dieser Stelle der Predigt wäre folgender Einwand denkbar. Zentral für unseren evangelischen Glauben ist doch, dass wir als fehlbare Menschen von Gott angenommen sind und nicht, dass wir uns entschliessen, gerechte Menschen zu werden. Kann man überhaupt von einem Menschen sagen, dass er gerecht ist, dass er im Beziehungsverhältnis zu Gott bewährt lebt? Die Bibel jedenfalls kann es: So heisst es etwa von Noah, Abraham, Hiob, Josef, dem Mann Marias, und Zacharias und Elisabet, den Eltern von Johannes dem Täufer, dass sie gerecht waren. Gerecht sein geht. Oder anders gesagt, ein Leben im Bundesverhältnis nach der Weisung Gottes ist möglich. Und zwar im Sinne einer menschlichen Antwort auf das Handeln Gottes.

So sieht es der Heidelberger Katechismus von 1563, der die reformierten Kirchen massgeblich beeinflusst hat. Im ersten Teil handelt der Katechismus von des Menschen Elend, im zweiten Teil von des Menschen Erlösung durch Gott und im dritten Teil von der Dankbarkeit des Menschen. Im Zusammenhang mit der Dankbarkeit des Menschen wird das Leben nach den Geboten oder, wie der Psalm sagt, nach der Weisung Gottes thematisiert. Gerecht sein vor Gott ist möglich. Nicht um bei Gott Gnade zu erwirken, sondern als tätige Antwort auf die vielfältigen Wohltaten Gottes an uns.

In Psalm 1 hören wir zunächst in einer dreifachen Aussage, was ein gerechter Mensch nicht tut. Er geht nicht im Rat der Frevler, tritt nicht auf den Weg der Sünder, sitzt nicht im Kreis der Spötter. Die Verben gehen, treten, sitzen enthalten ein Element der Steigerung. Der Psalm drückt damit die Erfahrung aus, dass ein Mensch meist erst allmählich in den Bann negativer Kräfte gerät. In einer Andacht am 11. September nannte ich im Zusammenhang mit den Terroranschlägen vor über einem Jahr in New York die Terroristen als Beispiel. Ein Terrorist geht vielleicht zunächst zu Veranstaltungen religiöser Propaganda, tritt dann den Weg terroristischer Ausbildung an und sitzt am Ende in der Kadergruppe, um terroristische Anschläge zu planen. Ein anderes Beispiel wäre eine Jugendliche, die zunächst ab und zu einen Joint raucht, dann in der Disko die neuesten Partydrogen konsumiert und am Ende heroinabhängig ist. Vor derartigem langsamem Abrutschen in lebensfeindliche Bereiche warnt uns der 1. Vers des Psalms.

Ein gerechter Mensch hingegen hat Freude an der Weisung Gottes, die eine Weisung zum Leben ist. «Glücklich der Mensch», der «seine Lust hat an der Weisung des HERRN, über seiner Weisung sinnt Tag und Nacht. Der ist wie ein Baum, an Wasserbächen gepflanzt: Er bringt seine Frucht zu seiner Zeit und seine Blätter welken nicht. Alles, was er tut, gelingt ihm wohl.»

Was meint Weisung genau und warum hat ein Mensch sie nötig? Mit Weisung bezeichnet Psalm 1 im engeren Sinn die fünf Bücher Mose mit dem Konzentrat der zehn Gebote und im weiteren Sinn die ganze Bibel. Die Bibel enthält

Weisung, damit wir den Weg des Gerechten finden, den Gott uns zeigen will. Diese Weisung will uns einweisen in den Weg Gottes mit uns Menschen. Der Weg Gottes mit uns Menschen ist eine Geschichte immer neuer Befreiung. Diese Geschichte der Befreiung beginnt mit der Schöpfung, mit der Gott dem Urchaos Einhalt gebietet. Diese Geschichte der Befreiung geht weiter über die Herausführung Israels aus der ägyptischen Knechtschaft bis hin zur Überwindung der Macht des Todes in der Auferweckung Jesu und wird schliesslich einmünden in den neuen Himmel und die neue Erde.

Um uns in diese Befreiungsgeschichte, in diesen Weg einzuweisen, gab Gott uns seine Weisung. Diese Weisung einfach nur zur Kenntnis zu nehmen, reicht nicht aus. Der Psalmist sagt: «Glücklich der Mensch», der «seine Lust hat an der Weisung des HERRN, über seiner Weisung sinnt Tag und Nacht.» Also mit Lust und Leidenschaft sich um die Weisung der Bibel bemühen, die stärker ist als die Lust und Leidenschaft der Frevler. Es ist eine Lust und Leidenschaft, wenn wir uns um die Bibel versammeln und fragen: «Welchen Weg sollen wir gehen? Was ist die Botschaft Gottes für uns in unserer Situation heute?» Indem wir über der Bibel sinnen, sie meditieren und studieren, finden wir eine Antwort. Und wenn schon nicht nachts, dann doch wenigstens am Tag oder am Abend und am besten mit anderen zusammen. Denn jeder Einzelne erkennt nur ein Stück, ein Ganzes wird daraus, wenn auch die anderen Stimmen gehört sind.

Wer hierzu Lust hat, den nennt der Psalm glücklich. Wer Freude an der Weisung Gottes hat, wer sich so damit befasst, dass diese Weisung zu seiner eigenen verinnerlichten Wegweisung wird, ist wie ein Baum, gepflanzt an Wasserbächen. Um dieses Bild in seiner Aussagekraft richtig zu verstehen, gilt es zu bedenken, dass Psalm 1 in einem Land gedichtet wurde, das zu einem grossen Teil aus Wüste besteht. Mit dem Bild vom Baum gepflanzt an Wasserbächen, spielt der Psalm auf Zustände an, wie sie in der Paradiesgeschichte erzählt werden. Wasser und damit Fruchtbarkeit sind im Garten Eden reichlich vorhanden. Der eigentliche bildliche Vergleich ist folgender: Die Weisung Gottes ist für einen Menschen, was das Wasser für einen Baum in der Wüste ist. Das Wasser nährt den Baum, der deshalb reichlich Früchte trägt. Die Weisung Gottes nährt den Menschen, sodass er in seinem Leben viele gute Werke hervorbringt.

Manchmal kann man in Gemeinden erleben, wie das wahr wird. Menschen, die verschlossen und zurückgezogen leben, engagieren sich plötzlich. Jugendliche, die für wenig zu begeistern sind, Männer, die eingespannt sind in eine harte Arbeitswelt, Frauen, die sich immer zurückhielten, sie werden plötzlich gepackt von der Leidenschaft zu dem Weg Gottes, sie bekommen Lust, mit anderen zusammen nach der Weisung Gottes zu suchen, sie gehen zum ersten Mal gegen Sozialabbau auf die Strasse, sie lassen nicht mehr los, die Gerechtigkeit zu suchen, die uns verheissen ist. Ein Mensch, der diese Freude an der Weisung Gottes zum Leben hat, wird die Früchte der guten Werke erbringen. Ein solcher Mensch wird dies nicht nur einmal tun, sondern ständig, wie ein Baum dessen Blätter nicht verwelken.

Der Psalm sagt: Alles, was ein solcher Mensch tut, gelingt ihm. Letzteres widerspricht unserer Erfahrung. Gelingt wirklich alles, was ein gerechter Mensch tut? Sieht es nicht vielmehr so aus, als würde den Frevlern alles gelingen. Ein älteres Ehepaar, das sich ein Leben lang in der Gemeinde engagiert hat, wird in seinem Haus überfallen, geschlagen und beraubt. Die Täter können unerkannt entkommen. Oder die Manager einer grossen Firma fälschen die Bilanzen und treiben die Firma in den Ruin. Die Mitarbeiter und Mitarbeiterinnen, die alles gegeben haben, um die Firma zu erhalten, werden einfach entlassen. Diesen und ähnlichen negativen Erfahrungen gegenüber mutet uns der Psalm eine Verheissung zu. Die Frevler werden nicht das letzte Wort haben. Die Frevler sind wie Spreu, die der Wind verweht. Deshalb können sie nicht im Gericht bestehen, das heisst dann, wenn Gott Recht schafft. Gegen alle Erfahrung verheisst uns Gott, dass der Weg der Frevler vergehen wird, wenn Gottes neue Welt kommt. Die Frevler werden nicht verdammt, verworfen oder gar vernichtet. Ihr Weg ist vielmehr völlig ohne Zukunft, er wird schlicht im Sande verlaufen. Sie werden einfach nicht mehr sein. Gott mutet uns zu, darauf zu vertrauen, dass die Frevler unterliegen werden, dass die Schöpfung gut ist.

Genau dies leugnen die Spötter, die am Anfang des Psalms erwähnt sind. Die Spötter reden oder denken so: «Recht und Gerechtigkeit wird es doch nie unter den Menschen geben. Das Gerede in der Bibel vom Schutz der Schwachen, Armen und Fremden ist doch nur ein frommer Unsinn. Mächtige und Elende gab es immer und wird es immer geben. Gut ist die Schöpfung nur für die, die sich nehmen, was sie brauchen. Lasst uns lieber heute feiern, denn morgen sind wir tot. Ändern kann man ja doch nichts und Gott ist nur ein Märchen für alte Leute und kleine Kinder.» Gegenüber diesen Spöttern und Frevlern hält der Psalm daran fest: Alles gelingt dem Menschen, der Lust an der Weisung Gottes hat.

Der Macht der Frevler stehen wir jedoch trotzdem oft wehrlos gegenüber. Deshalb sagt uns der Psalm zu, dass der HERR den Weg der Gerechten kennt. Und Adam erkannte seine Frau Eva und sie wurde schwanger und gebar den Kain. Kennen ist mehr als blosses Wissen. Kennen ist vielmehr eine intensive Zuwendung. Sofern wir den Weg des gerechten Menschen wählen und versuchen, unser Leben an der Weisung Gottes auszurichten, verheisst uns Gott seine Nähe. Allen Frevlern zum Trotz. «Denn der HERR kennt den Weg der Gerechten, aber der Weg der Frevler vergeht.»

Und damit komme ich zurück zu meinem Ausgangspunkt, nämlich, dass Psalm 1 das Vorwort für den ganzen Psalter bildet. Immer wieder klagen in den Psalmen Menschen über ihre Leiden, ihre Verfolgungen, ihre Feinde. So zum Beispiel in Psalm 59: «Rette mich vor meinen Feinden, mein Gott, vor meinen Widersachern beschütze mich. Rette mich vor den Übeltätern, und hilf mir vor den Mördern. ... Sei keinem gnädig, der treulos frevelt.» (2f.6) Die Erfahrung, Opfer der Frevler zu sein, ist im Psalter weit verbreitet. Psalm 1 als Vorwort des Psalters lehrt gegen diese negativen Erfahrungen, an der Verheissung festzuhalten, dass denjenigen alles gelingt, die sich an der Weisung Gottes orientieren. Psalm 1 lehrt gegen die Erfahrung, darauf zu vertrauen, dass die Schöpfung wirklich sehr gut ist.

Das Vertrauen auf diese Verheissung gilt es einzuüben, und zwar im Umgang mit der gesamten Weisung Gottes, wie sie uns die Bibel bezeugt. «Glücklich der

Mensch», der «seine Lust hat an der Weisung des HERRN, über seiner Weisung sinnt Tag und Nacht.» Wer seine Lust hat an der Weisung des HERRN, der macht diese Weisung zu seiner eigenen verinnerlichten Weisung. Darauf deutet ein Wortspiel hin. Das Wort «seiner» in der Formulierung «seiner Weisung» kann sich nämlich auf Gott oder den Menschen beziehen. Über «seiner Weisung sinnt Tag und Nacht» kann demnach zweierlei bedeuten: Zum einen, dass ein Mensch permanent die Bibel als die *Weisung Gottes* meditiert oder studiert. Und zum anderen, dass ein Mensch sich die Bibel als die Weisung Gottes so zu eigen macht, dass daraus die *eigene Weisung* wird. Und zwar in dem Sinn, wie der Prophet Jeremia es im Namen Gottes angekündigt hat. «Und ich werde ihnen ein Herz geben, damit sie mich erkennen – dass ich der HERR bin. Dann werden sie mir Volk sein, und ich, ich werde ihnen Gott sein.» (24,7) Sich die Weisung Gottes so zu Herzen nehmen, dass daraus die eigene Weisung des Herzens wird, darauf kommt es an und so hat es Gott verheissen. Die Weisung Gottes so zu meditieren oder zu studieren, dass sie einem zum Lebenselement wird, wie das Wasser dem Fisch, das zählt. Amen.

… seines Glückes Schmied?

«Selig, die Gewaltlosen – sie werden das Land erben.
Selig, die hungern und dürsten nach der Gerechtigkeit – sie werden gesättigt werden.»
Matthäus 5,5-6

das Feuer schüren
kraftvoll den Hammer schwingen
dem glühenden Eisen
die erträumte Form abringen
Glück scheint zu geraten
alle hoffen auf ihr Meisterwerk
der Macher wird die Welt besitzen

Glück fällt wahrlich nicht vom Himmel
ist Jesus ein naiver Gutmensch
verbindet Seligkeit und Wonne
mit Sanftmut und Gewaltverzicht
mit Sehnsucht nach Gerechtigkeit
die harte Wirklichkeit des Lebens lehrt
dreist muss der Griff sein nach dem Glück

der Übermut lässt Funken sprühen
Sorgfalt weicht der Gier
zu heftig war der Hammerschlag
als tiefer Schlund durchzieht ein Bruch das Werk
mit süffisantem Grinsen
quittiert er die Zerstörung
Glück lässt sich nicht zwingen mit Gewalt

Jesus lehrt die Schmiedekunst
behutsam nach der Weisung Gottes
nicht auf Kosten anderer
im Dienst der eigenen Wünsche
Glück kann Gestalt gewinnen
geläutert in der Glut von Gottes Esse
auf dem Amboss von Gerechtigkeit und Liebe

April 2011

Segen für Israel und die Völker

Lesung: Genesis 12,1-3

Psalm 67
Erntedankfest, 14.9.2003

Liebe Gemeinde,
in jedem Gottesdienst bitten wir Gott um seinen Segen. Aber was ist das eigentlich – Segen? Vielleicht sind wir so sehr an den Segen gewöhnt, dass sich die Frage gar nicht mehr stellt. Über den Segen möchte ich heute, am Erntedankfest, mit Ihnen nachdenken. Im Alten Testament ist Segen etwas Gutes, das von Gott ausgeht. Dieses Gute kann in vielem Geschaffenen einfach erfahren werden. Zum Beispiel in der Erfrischung, die ein Wasserteich bietet. Der Regen, der zur rechten Zeit fällt und die Saat aufgehen lässt, ist ein Inbegriff des Segens. Natürlich auch die Ernte selbst. Aber auch der grüne Baum, die warme Kleidung, das Land, das man, verschont vor Krieg, in Ruhe bewohnen darf, die schwangere Frau, die Gesundheit, der gute Schlaf, reichlich Vieh und der Tag der Ruhe von der schweren Arbeit. Der Segen Gottes wird also in den alltäglichen Dingen wahrgenommen. Das ist sozusagen die Grunderfahrung des Segens.

Darüber hinaus kann Segen auch in abstrakteren Zusammenhängen erlebt werden. Zum Beispiel darin, dass Gott in seinem Wort Weisung erteilt. Segen kann auch in politischen Zusammenhängen eine Rolle spielen, zum Beispiel dann, wenn Gott in der Kraft des Geistes Frieden zwischen zerstrittenen Völkern stiftet. Um Gottes umfassenden Segen geht es in unserem heutigen Predigttext, speziell für Israel und die anderen Völker:

1 «Für den Chormeister. Mit Saitenspiel.
Ein Psalm. Ein Lied.

2 Gott, er sei uns gnädig und er segne uns,
er lasse sein Angesicht leuchten bei uns. Sela
3 Dass man auf Erden deinen Weg erkenne,
unter allen Nationen dein Befreien.

4 Loben sollen dich die Völker, Gott,
loben sollen dich die Völker alle.
5 Freuen sollen sich die Nationen und jubeln,
denn du richtest die Völker in Geradheit
und leitest die Nationen auf Erden. Sela
6 Loben sollen dich die Völker, Gott,
loben sollen dich die Völker alle.

7 Die Erde hat ihren Ertrag gegeben.
Es segne uns Gott, unser Gott,

8 es segne uns Gott.
Und es sollen ihn fürchten
alle Enden der Erde.»

Ein erster Blick auf den Psalm zeigt, dass er, von der Überschrift abgesehen, dreigeteilt ist. Im ersten Abschnitt, den Versen 2-3, bittet Israel um Gottes Segen für sich selbst. Im zweiten Abschnitt, den Versen 4-6, geht es um die Völker. Der Aufruf zum Lob Gottes an die Völker in den Versen 4 und 6 rahmt den mittleren Vers 5, auf dem das Schwergewicht des Psalms liegt. Gott wird die Völker in Geradheit richten und leiten. Im dritten Teil, den Versen 7-8, drückt jetzt wieder Israel seine Hoffnung aus, dass Gott das Volk auch in Zukunft segnen möge und die Völker der Erde deswegen gottesfürchtig werden. Etwas aus dem Rahmen fällt Vers 7a: «Die Erde hat ihren Ertrag gegeben», denn dieser Vers blickt als einziger zurück und spielt auf die jährliche Ernte an. Im Folgenden möchte ich Psalm 67 genauer betrachten.

I GOTTES SEGEN FÜR ISRAEL FÜHRT ZUR GOTTESERKENNTNIS DER VÖLKER

Der erste Abschnitt lautet so: «Gott, er sei uns gnädig und segne uns, er lasse sein Angesicht leuchten bei uns. Dass man auf Erden deinen Weg erkenne, unter allen Nationen dein Befreien.» Zunächst bittet Israel Gott um seine Gnade und seinen Segen. Und sodann um seine wärmende Nähe, denn das meint das Leuchten des Angesichts Gottes. All dies zielt darauf ab, dass Israel auf Erden den Weg Gottes erkennen möge, also auf eine Art und Weise lebe, die Gott wohlgefällig ist. Aber schon in dieser ersten Bitte an Gott weitet sich die Perspektive und die Völker der Erde kommen in den Blick. Die Gnade, der Segen und die wärmende Nähe Gottes für Israel sollen sich nämlich auch darin auswirken, dass die Nationen das Befreien Gottes erkennen. Gemeint ist, dass die Völker erkennen, wie Gott sich Israel zuwendet, wie er Israel die Lebensfülle schenkt, wie er in Israel einen heilvollen Raum seiner Gegenwart schafft.

Genauer: Die Völker sollen zum einen erkennen, wie Gott an seinem ganzen Volk handelt. Israel selbst legt vor Gott und den Völkern ein Bekenntnis ab, aus dem genau dies hervorgeht: «Ein verlorener Aramäer war mein Vater, und er zog hinab nach Ägypten und blieb dort als Fremder mit wenigen Leuten, und dort wurde er zu einer grossen, starken und zahlreichen Nation. Die Ägypter aber behandelten uns schlecht und unterdrückten uns und auferlegten uns harte Arbeit. Da schrien wir zum HERRN, dem Gott unserer Vorfahren, und der HERR hörte unser Schreien und sah unsere Unterdrückung, unsere Mühsal und unsere Bedrängnis. Und der HERR führte uns heraus aus Ägypten mit starker Hand und ausgestrecktem Arm, mit grossen und furchterregenden Taten, mit Zeichen und Wundern, und er brachte uns an diesen Ort und gab uns dieses Land, ein Land, in dem Milch und Honig fliessen.» (Deuteronomium 26,5-9)

Die Völker sollen zum anderen erkennen, wie Gott sich einzelnen Personen in Israel zuwendet. Von dieser Zuwendung Gottes legen viele Psalmverse Zeugnis ab. Zum Beispiel: «Da ist ein Elender, der rief, und der HERR hat es gehört, aus allen seinen Nöten hat er ihm geholfen.» (Psalm 34,7) Oder: «Er zog mich herauf aus der Grube des Grauens, aus Morast und Schlamm, und stellte meine Füsse auf Felsgrund, machte meine Schritte fest.» (Psalm 40,3) Der Gott Israels steht für sein Volk und jedes einzelne Mitglied ein. Darin besteht sein Befreien und dieses Befreien sollen die Völker erkennen. Die Folge wäre, dass die Völker dem Gott Israels vertrauen und ihn dankbar loben.

II DER SEGEN FÜR DIE VÖLKER ALS WEGWEISUNG ZUM FRIEDEN

Mit dem Lob Gottes setzt der zweite Abschnitt des Psalms ein und damit endet er auch: «Loben sollen dich die Völker, Gott, loben sollen dich die Völker alle. Freuen sollen sich die Nationen und jubeln, denn du richtest die Völker in Geradheit und leitest die Nationen auf Erden. Loben sollen dich die Völker, Gott, loben sollen dich die Völker alle.» Wir, die Völker, zu denen wir als Christen gehören, sollen Gott loben, wir sollen uns freuen und jubeln. Aber nicht nur für das Befreien, das uns am Verhalten Gottes gegenüber Israel schon deutlich wurde. Nein, sondern dafür, was Gott noch tun wird – Gott wird die Völker richten in Geradheit und die Völkerschaften der Erde wird Gott leiten. Die Völker richten in Geradheit, das meint ein Rechtshandeln Gottes, welches Streit im Miteinander der Völker ausgleicht und Störungen, die belasten, beseitigt. Stellt sich der Psalmdichter dieses Richten in Geradheit als eine Art allmächtiges Eingreifen Gottes in der Geschichte vor? Das ist möglich, aber unwahrscheinlich, denn er kennt seine Bibel. Vom Richten Gottes zwischen den Völkern ist unter anderem auch in der Vision vom Friedensreich des Propheten Jesaja die Rede. (Jesaja 2,1-5) Es heisst, dass die Völker nach Jerusalem ziehen werden, um vom Gott Israels Weisung zu empfangen, belehrt zu werden und damit Leitung zu erfahren. Dann wird Gott richten und Recht sprechen zwischen den Völkern. Sie werden ihre Speere zu Winzermessern umschmieden und den Krieg verlernen.

Bräche dieses Friedensreich doch unmittelbar an! Angesichts der tödlichen Konflikte im Irak, im Nahen Osten und an vielen anderen Orten, die uns das Fernsehen nicht präsentiert, wäre nichts dringlicher. Vorerst bleibt uns nur die Hoffnung, die uns zur Aufmerksamkeit zwingt. Der jüdische Schriftsteller Eli Wiesel schrieb einmal: «Wer hofft, sieht hin.» Zum Glück kennen wir die Hoffnung des Psalms und des Propheten Jesaja. Denn hätten wir die Hoffnung nicht, wären wir wahrscheinlich gleichgültig. Wir sähen nicht hin und träumten keine Träume von einer anderen, besseren Welt. Aber mit dieser Hoffnung des segensreichen Wirkens Gottes wird es möglich, das scheinbar Unmögliche zu denken und in Angriff zu nehmen. Im grossen Rahmen: Dass Frieden im Nahen und Mittleren Osten einkehrt und dass unsere christlichen Hilfswerke an dieser Aufgabe mitwirken. Im kleinen Rahmen: Dass Streit und Missgunst im Dorf und in der Kirchgemeinde ein Ende haben und wir dabei mithelfen.

III DIE ERNTE ALS SCHÖPFUNGS-SEGEN FÜR ISRAEL UND DIE VÖLKER

Unerwartet setzt der dritte Abschnitt des Psalms ein. «Die Erde hat ihren Ertrag gegeben.» Deshalb sind wir heute hier, weil die Erde auch dieses Jahr wieder ihren Ertrag gegeben hat. Weil wir Gott für die Ernte danken möchten. Sie ist diesmal nicht so reichlich ausgefallen wie üblich. Aber die Erde hat uns doch so viel Ertrag gegeben, dass wir genug zu essen haben. Die Erde hat ihren Ertrag gegeben, die *ganze* Erde.[2] Die Erde gibt ihren Ertrag wie für Israel so auch für die Völker. Darin ist der Segen Gottes für alle Menschen erfahrbar. Der Segen, der etwas Gutes ist, das von Gott ausgeht.

Aber geht das Wachsen der Pflanzen und Bäume wirklich von Gott aus? Die Produktion von Nahrungsmitteln geschieht heute meist industriell. Die Erbsubstanz vieler Pflanzen ist erforscht und kann gezielt verändert werden. Die Felder werden gedüngt und bewässert, gehegt und gepflegt. Was sollte Gott damit zu tun haben? Die Antwort lautet: Alles! Zwar bleibt der modernen Biologie und Botanik kaum noch ein Pflanzengeheimnis zu entschlüsseln. Sogar neue Pflanzen können bereits im Labor erzeugt werden. Aber die Frage, weshalb überhaupt etwas lebt und wächst, bleibt rätselhaft. Das chemische Element Kohlenstoff vermag lange Ketten, sogenannte Moleküle, zu bilden. Solche komplexeren chemischen Verbindungen sind Bausteine zum Leben. Aber das Leben und Wachsen selbst, lässt sich so nicht erklären. Als Christen bekennen wir uns zu Gott dem Schöpfer, der das Leben gegeben hat. Wir bekennen uns dazu, was Psalm 65,10 sagt: Gott sucht das Land heim, bewässert es, macht es sehr reich und segnet sein Gewächs. Erfahren wird dieser Schöpfungs-Segen Gottes dann in der Ernte, und zwar hier und jetzt. So hat es zu seinen Herbstfesten auch Israel erfahren. Und weil der Schöpfungs-Segen Gottes schon konkret erfahrbar ist, spricht Israel die berechtigte Hoffnung aus, dass Gott auch in Zukunft segnen wird.

IV VOM SEGEN ISRAELS ZUR GOTTESFURCHT DER VÖLKER: SEGEN ERFAHREN HEISST DEM LEBEN DIENEN

Nach «die Erde hat ihren Ertrag gegeben» weitet sich die Perspektive wieder aus und die Gottesfurcht der Völker angesichts des segensreichen Wirkens Gottes an Israel kommt in den Blick. Weiter heisst es so: «Es segne uns Gott, unser Gott. Es segne uns Gott, und es sollen ihn fürchten alle Enden der Erde.» Im Gegensatz zum Anfang des Psalms heisst es jetzt unser Gott, also wirklich der Gott Israels. Wie im ganzen Psalm wird aber nicht der spezifisch israelitische Gottesname HERR gebraucht, sondern die allgemeine Bezeichnung für eine Gottheit, eben Gott. Damit setzt Israel ein Zeichen für die Völker. Von Gott und nicht von dem HERRN zu sprechen, macht es den Völkern leichter, ehrfürchtig zu sein. Und auf diese Ehrfurcht aller Völker vor Gott läuft es im Psalm hinaus.

Furcht oder Ehrfurcht vor Gott, was soll das bedeuten? «Die Furcht des HERRN führt zum Leben», steht im Buch der Sprüche (19,23). Und: «Die Furcht des HERRN ist eine Quelle des Lebens, mit ihr entgeht man den Fallen des Todes» (14,27). Ich denke an das Beispiel der Hebammen Schifra und Pua. Am Anfang des Buches Exodus wird erzählt, wie sich die beiden Hebammen dem Befehl Pharaos widersetzen, alle männlichen Neugeborenen zu töten. Das nennt die Bibel Gottesfurcht. Die Hebammen fürchten Gott. Ihre Gottesfurcht zeigt sich als ziviler Ungehorsam, als mutige Weigerung, dem Tötungsbefehl Pharaos nachzukommen. Sie gehorchen nicht dem quasigöttlichen Pharao, sondern dem Gott Israels. Die Hebammen verhelfen zum Leben, in ihrem täglichen Beruf und in ihrer Widerstandsaktion. Der Segen Gottes für Israel wird die Völker zu dieser Furcht Gottes führen. Dann werden alle Völker dem Leben dienen. Sie werden erste Schritte in Richtung einer gerechten und friedvollen Welt wagen. Ein Gehen in der Furcht Gottes, das bedeutet nichts Geringeres als Widerstand zu leisten gegen Willkür, Tyrannei und Gewalt. Es heisst, sich dafür einzusetzen, dass unter den Menschen der Segen Gottes eine Wohnung findet und das gute Leben für alle möglich wird. Und das ist wichtig, auch hier bei uns in Hunzenschwil. Amen.

Segen

Segen
  Wort und Geste
  zeichenhafte Handlung
  in Gottes Auftrag
Segen
  oft falsch verstanden
  Nichtigem zugesagt
  schrecklich missbraucht
Segen
  Wort der Verheissung
  Gottes Zuspruch
  für gelingendes Leben
Segen
  heilsame Zuwendung
  Gottes liebender Blick
  auf sein Geschöpf
Segen
  Wort des Friedens
  gesprochen
  in eine friedlose Welt
Segen
  nicht Magie
  unverfügbar
  lässt sich nicht zwingen
Segen
  Geschenk
  aus Gottes Fülle
  zum Weiterreichen
Segen
  keine Einbahnstrasse
  im Lob spricht das Geschöpf
  seinem Schöpfer Segen zu

August 2009

«Zwei Dinge sind es, die ich hörte» Mystische und persönliche Gotteserfahrung

Lied RG 39: Geborgen, geliebt und gesegnet[3]

Psalm 62
Gemeindetag 11.9.2005

I
Liebe Gemeinde,
ich könnte jetzt eine thematische Predigt halten zu den Themen Kleider, in denen wir uns nach aussen präsentieren, Luxus, der uns anzieht, Karrieren, die uns alles bedeuten, oder Geborgenheit, die wir erfahren, und mich an der einen oder anderen Stelle auf die Bibel beziehen. Das könnte dann als modern und zeitgemäss gelten und ich knüpfte dabei an die diesjährige Öffentlichkeitskampagne der reformierten Kirchen in der Nordwestschweiz an «Woran glauben Sie?». So gehe ich jedoch nicht vor. Vielmehr halte ich eine Predigt über einen recht sperrigen, alten Text. Über Psalm 62. Weshalb das?

Kennzeichen einer reformierten Kirchgemeinde ist, dass sie nur eine einzige Grundlage hat, und zwar: Gott in der Gestalt des Vaters, des Sohnes und des Heiligen Geistes. Gott also in einem dynamischen Verhältnis zu sich selbst. Aber nicht irgendein Gott, sondern Gott, wie ihn die Bibel bezeugt. Von diesem Gott glauben wir als Christen nur in der Bibel zu hören. Hier, in der Bibel, hören wir ein neues Wort und eine neue Verheissung, die wir uns nicht selbst sagen könnten. Wollten wir also nicht mehr von der Bibel aus als christliche Gemeinde leben, wären wir eben keine christliche Gemeinde mehr. Deshalb also ist die Grundlage meiner Predigt ein biblischer Text.

Wie gesagt, Psalm 62. Der Psalm gliedert sich in zwei Teile. Im ersten Teil drückt ein Beter sein Vertrauen zu Gott angesichts einer Bedrohung durch Feinde aus. Im zweiten Teil ermutigt er sein ganzes Volk, ebenfalls auf diesen Gott zu vertrauen und seine Hoffnung nicht etwa auf falsche Werte zu setzen. Ich lese zunächst den Psalm.

2 «Zu Gott allein ist meine Seele still,
von ihm kommt meine Hilfe.
3 Er allein ist mein Fels und meine Hilfe,
meine Burg, nie werde ich wanken.
4 Ihr alle, wie lange wollt ihr morden,
anstürmen gegen einen Mann
wie gegen eine eingestossene Wand,
eine umgestürzte Mauer?
5 Die planen, ihn von seiner Höhe zu vertreiben,
sie lieben den Trug.
Sie segnen mit ihrem Mund,

aber in ihrem Herzen fluchen sie.
6 Zu Gott allein sei still, meine Seele,
denn von ihm kommt meine Hoffnung.
7 Er allein ist mein Fels und meine Hilfe,
meine Burg, ich werde nicht wanken.
8 Meine Freiheit ist bei Gott und meine Ehre,
mein schützender Fels, meine Zuflucht ist in Gott.

9 Vertraue auf ihn, Volk, zu jeder Zeit.
Schüttet euer Herz vor ihm aus.
Gott ist unsere Zuflucht.
10 Nur Hauch sind die Menschen,
Trug die Sterblichen.
Auf der Waage schnellen sie empor,
allesamt leichter als Hauch.
11 Vertraut nicht auf erpresstes Gut
und setzt nicht eitle Hoffnung auf Raub.
Wenn der Reichtum wächst,
hängt euer Herz nicht daran.
12 Eines hat Gott geredet,
zwei Dinge sind es, die ich hörte:
Bei Gott ist die Macht
13 und bei dir, Herr, die Güte,
denn du vergiltst
einem jeden nach seinem Tun.»

II

Ein Beter wird von Feinden bedroht. Sie wollen ihn ermorden, sie stürmen gegen ihn an, sie planen Täuschungen, sie möchten ihn niederstossen, sie betrügen ihn, sie segnen äusserlich und fluchen innerlich. Feinde sind in der gesellschaftlichen Wirklichkeit des alten Israel real. Feinde! Finden sich Feinde auch in unserer heutigen Schweizer Realität?

Ich denke schon. Es gibt wirkliche Feinde und solche, die nur subjektiv als Feinde erlebt werden. Ich nenne zwei Beispiele für wirkliche Feinde. Eine Frau aus Aarau hat sich von ihrem Partner getrennt. Der Mann will sich damit nicht abfinden. Er verfolgt die Frau, zieht in eine gegenüberliegende Wohnung ein, bedrängt die Frau durch Telefonterror. Die Frau traut sich kaum noch aus dem Haus und gar nicht mehr ans Telefon. Die neue Geheimnummer hat der Mann doch irgendwie herausbekommen. Die Frau leidet häufig unter Kopfschmerzen und muss sich schliesslich in psychologische Behandlung begeben. Die Frau hat einen Feind.

Korruption ist heute in der Wirtschaftswelt ein verbreitetes Phänomen. Ein Mitarbeiter eines Industrieunternehmens will dabei nicht mehr mitmachen. Die anderen sehen ihre Felle davonschwimmen. Der Mitarbeiter wird gemobbt, bis er geht. Der Mann hat viele Feinde. Etwas schwieriger ist es mit Feinden, die nur subjektiv als solche erlebt werden. Ein Mann erkrankt im Alter von vierunddreissig Jahren an Leukämie. Die Krankheit wird tödlich verlaufen. Gleichaltrige Freunde und Kollegen besuchen ihn. Sie dürfen weiterleben, der Erkrankte nicht. In einer solchen Situation können die gutwilligen Freunde und Kollegen als Feinde erlebt werden.

Ein Schweizer Traditionsunternehmen produziert Stoffe. Die Konkurrenz aus Asien ist jedoch billiger. Einige langjährige Mitarbeitende müssen kurzfristig entlassen werden, damit die Firma gerettet werden kann. Der Personalchef eröffnet ihnen die bedrückende Nachricht. Einer ist über fünfzig, hat eine Familie mit drei Kindern, muss ein Haus abbezahlen und findet nichts Neues. Es ist möglich, dass er den Personalchef und alle, die ihre Stelle behalten durften, subjektiv als Feinde erlebt. Feinde sind wirklich oder werden als wirklich erlebt. Demgegenüber bekennt der Beter des Psalms, dass es noch eine andere Wirklichkeit gibt, sozusagen eine Gegenwirklichkeit.

«Er allein ist mein Fels und meine Hilfe, meine Burg, ich werde nicht wanken. Meine Freiheit ist bei Gott und meine Ehre, mein schützender Fels, meine Zuflucht ist in Gott.» Gott ist es, der dem Beter eine Hoffnung verleiht, der ihm Halt gibt, ihm Freiheit und Ehre gewährt und ihm eine Zufluchtsstätte ist. Die realen oder erlebten Feinde sind das eine – aber da gibt es noch eine Gegenmacht, einen Grund, etwas, das auf meiner Seite steht, jemand, der zu mir hält. Und wer sich wie der Psalmbeter zu diesem Gott bekennt, der erstarkt und wappnet sich gegen die Feinde. Wer sich zu diesem Gott bekennt, der gibt einer anderen Wirklichkeit Raum. Einer Wirklichkeit, die trägt, schon im Bekennen, dann im Leben und sogar über das Leben hinaus. Wie jedoch liesse sich ein solcher Gott vorstellen?

III

Die Bibel, bezeugt einen Gott, der personal ist, an den man sich wenden kann, der hört und erhört. Das macht heute manchen Menschen Mühe. Viele vermögen sich einen Gott als ansprechbare Person nicht mehr vorzustellen. Möglicherweise liegt es daran, dass die Massen kürzlich zum Dalai Lama nach Zürich strebten, statt in christliche Gottesdienste. Denn im Buddhismus führt der Weg vom menschlichen Personsein ins Nichtselbst als dem erstrebten Ziel der Erlösung. Wer mit der personalen christlichen Vorstellung Gottes Mühe hat, findet nun in Psalm 62 Hilfe. Vers 8b lässt sich nämlich auch mit «meine Zuflucht ist *in* Gott» übersetzen, statt dem üblichen «meine Zuflucht ist *bei* Gott». Will der Psalmdichter damit eine mystische Erfahrung Gottes zum Ausdruck bringen? Also eine Erfahrung des sich in Gott Versenkens? Die Geschichte vom neugierigen Fisch mag verdeutlichen, was gemeint ist.

«Es war einmal ein kleiner, neugieriger Fisch. Er wollte alles wissen, was es zu wissen gab, und fragte seinen Mitfischen Löcher in den Bauch. Er war für sein Fragen bekannt. Er wollte wissen, was Schiffe sind, was ein Netz ist. Er wollte wissen, wo es Korallen gibt. Er wollte auch wissen, was das Leben ist. Was er nicht verstand, versuchte er mit Fragen zu verstehen. Auf seinen Wegen begegnete ihm immer mal wieder das Wort ‹Meer›. Dieses Wort ‹Meer› hatte es in sich. Je mehr er danach fragte, was das Meer ist, umso weniger wusste er darüber. Niemand konnte ihm etwas sagen, das ihn befriedigt hätte. Die Aussagen darüber waren sehr unterschiedlich. Er wusste nur wenig über das Meer. Soviel stand fest. Das Meer kann man erstens nicht sehen und zweitens braucht es jeder Fisch. Weiter kam er nicht. Je mehr sich das Meer ihm und seinen Fragen entzog, umso brennender interessierte ihn die Antwort. Schliesslich schwamm er zu einem alten Fisch, von dem er gehört hatte, dass er vieles, vielleicht sogar alles wusste. Er sagte zum alten Fisch: ‹Ich habe immer wieder vom Meer gehört. Aber immer, wenn ich nachgefragt habe, dann wusste doch niemand etwas Genaueres. Weisst du, was das Meer ist?› Der alte Fisch hat gelächelt, wenn Fische das überhaupt können. Er antwortete: ‹Du lebst und bewegst dich im Meer, das Meer fliesst durch dich hindurch, in dir drin und um dich herum. Du bist im Meer entstanden und du wirst wieder zum Meer werden. Das Meer ist dein Ursprung und dein Ziel und dein Wesen.›»

Wenn wir das Meer als ein Gleichnis für Gott verstehen, erklärt uns die Geschichte vom neugierigen Fisch die mystische Erfahrung Gottes. Solche Erfahrungen sind Teil unserer christlichen Tradition. Ein bedeutender Mystiker war Gerhard Tersteegen aus Mülheim an der Ruhr. Von ihm stammt das Lied «Gott ist gegenwärtig», von dem wir jetzt die Strophen 1 und 4 bis 5 singen.[4]

IV

Im zweiten Teil des Psalms fordert der Beter alle anderen auf, ihr Vertrauen ebenfalls auf Gott zu setzen. «Vertraue auf ihn, Volk, zu jeder Zeit. Schüttet euer Herz vor ihm aus. Gott ist unsere Zuflucht.» Zur Begründung verweist der Psalmist zunächst auf die Nichtigkeit von uns allen: «Nur Hauch sind die Menschen, Trug die Sterblichen. Auf der Waage schnellen sie empor, allesamt leichter als Hauch.»

Es geschieht täglich: Ein Mann pflückt Kirschen und stürzt von der Leiter. Ein Kind auf dem Fahrrad gerät in die Tramschienen, stürzt und wird überfahren. Ein Transporthubschrauber verliert seine Last. Sie fällt auf eine Gondel und reisst die Gondel mit neun Menschen in die Tiefe. Ein Schnellzug erfasst ein Auto mit einer Familie an einem unbeschrankten Bahnübergang. Ein Hurrikan lässt hunderte von Toten zurück. Aids rafft in manchen Gegenden Afrikas ganze Völker hinweg. Der Mensch bleibt ein flüchtiges Wesen – trotz allem wissenschaftlichen und technologischen Fortschritt und trotz allem Heil, das die Werbung verspricht.

Deshalb nützt es auch nichts, auf falsche Werte zu vertrauen. «Vertraut nicht auf erpresstes Gut und setzt nicht eitle Hoffnung auf Raub. Wenn der Reichtum wächst, hängt euer Herz nicht daran.» Vertraut nicht auf erpresstes Gut, das kann heissen: Vertraut nicht auf den entfesselten Markt, vertraut nicht der härter werdenden Ellbogengesellschaft, die ständig neue Gewinner auf Kosten neuer Verlierer produziert.

«Wenn der Reichtum wächst, hängt euer Herz nicht daran.» Hier gilt es genau zu lesen. Der Reichtum wird nicht verteufelt. Die Öffentlichkeitskampagne, die unter anderem mit der Frage provoziert, ist Luxus alles, woran sie glauben, macht den Luxus nicht schlecht. Nicht gemeint ist eine moralisierende Frömmigkeit, der aller Genuss verdächtig ist. Einige von Ihnen kennen schon die Geschichte von Leonie.

«Ein Sechser im Lotto! 6,9 Millionen Franken lagen im Jackpot, und Leonie hat ihn allein geknackt. Seit Leonie reich ist, kauft sie Kleider, Mamma mia! Sie wohnt jetzt in einem Penthouse an Südlage. Daheim ist sie aber selten, denn sie reist viel. Leonie zieht aus ihrer Handtasche Fotos hervor. Fotos eines reichen Lebens. Die Flight Attendant bringt Champagner. Leonie geniesst den Luxus. Umso mehr, als dies ihr letzter Flug in der First Class sein wird. Künftig will sie nur noch Business Class fliegen. Und nur noch Dreisternehotels buchen. Und weniger Kleider kaufen. Wozu fünf volle Kleiderschränke, wenn man doch nur ein Kleid aufs Mal anziehen kann? Leonie lächelt, als sie auf den Fotos ihr neues Leben betrachtet: dreihundert mexikanische Kinder lachen sie an. Vor kurzem hat Leonie eine Stiftung gegründet, die drei Kinderheime führt, zwei Autostunden ausserhalb von Acapulco. Bevor sie im Hotel das Zimmer bezieht, wird sie die Kinder besuchen. Leonie leert das Cüpli und staunt ein wenig, dass der Reichtum sie nun ganz anders bereichert, seit sie ihn so einsetzt.»

Leonies Reichtum ist durch einen Lottogewinn auf einen Schlag gewachsen, aber sie hängt ihr Herz nicht daran. Das ist dem Psalmisten wichtig. Vertraut nicht auf falsche Werte. Denn: «Zu Gott allein sei still, meine Seele, denn von ihm kommt meine Hoffnung. Er allein ist mein Fels und meine Hilfe, meine Burg, ich werde nicht wanken.»

V

Und nun setzt der Psalm am Ende plötzlich einen neuen Akzent. «Eines hat Gott geredet, zwei Dinge sind es, die ich hörte: Bei Gott ist die Macht und bei dir, Herr, die Güte, denn du vergiltst einem jeden nach seinem Tun.»

Zwei Aspekte des Wesens Gottes werden angesprochen. Gottes Macht und Gottes Güte. Auffallend ist, dass der Psalmist sich nur hinsichtlich der Güte direkt an Gott wendet. «Bei Gott ist die Macht und bei dir, Herr, die Güte.» Die Macht Gottes ist ihm offensichtlich nicht besonders wichtig, sondern nur die Güte. In seiner Güte wird Gott einem jeden vergelten nach seinem Tun. Dieses Vergelten Gottes ist alles andere als bedrohlich. Gütig wird Gott einen jeden nach seinen Möglichkeiten korrigieren, richten, herstellen. Jedoch nach seinem Tun, das heisst dass unser Handeln Bedeutung hat, dass nicht alle Katzen grau sind, dass die Güte Gottes nicht billig ist. Vor allem aber heisst das: Wir werden als Person vor einem Gott stehen, der einen jeden von uns kennt, der also selbst irgendwie personal zu denken ist. So wäre im Psalm von der mystischen und von der persönlichen Erfahrung mit Gott die Rede. Also von einer zweifachen menschlichen Erfahrung. Denn: «Eines hat Gott geredet, zwei Dinge sind es, die ich hörte.» Amen.

Gottesbilder

widerstehen der Versuchung
Gott festzulegen auf ein Bild
zurechtgeschneidert nach Bedarf
es wird uns in die Irre führen

mit Scheu von Gott in Bildern reden
sie sind stets unzureichend
doch wer könnte anders sprechen von dem
der sich nicht fassen lässt

Gott als Person vertrauen
handelnd da für sein Geschöpf
ein Gegenüber
sehend hörend sprechend

zugleich Gott in allen Dingen finden
in allem was da ist
in uns selber und im Du
in ihm atmen leben

das unergründliche Geheimnis
ehrfürchtig stehen lassen
Gott ist kein Begriff
Gott ist anders Gott ist mehr

in allem Wertewandel
das Bild bewahren
vom Mensch gewordenen Gott
der uns in Liebe sucht

April 2009

«Dennoch bleibe ich stets mit dir»

Lesung: Römer 9,14-24

Psalm 73
26.2.2006

1 «Ein Psalm Asafs.

I
Fürwahr: Lauter Güte ist Gott gegen Israel,
gegen die, die reinen Herzens sind.

2 Ich aber wäre beinahe ausgeglitten mit meinen Füssen,
um ein Haar wären meine Schritte ins Wanken geraten.
3 Denn ich ereiferte mich über die Prahler,
als ich sah, dass es den Frevlern gut geht.

4 Sie leiden keine Qualen bis zu ihrem Tod,
und fett ist ihr Leib.
5 Von der Mühsal der Sterblichen sind sie frei,
sie werden nicht geplagt wie andere Menschen.

6 Darum ist Hochmut ihr Halsgeschmeide,
Gewalttat das Gewand, das sie umhüllt.
7 Sie sehen kaum aus den Augen vor Fett,
ihr Herz quillt über von bösen Plänen.
8 Bösartig höhnen und reden sie,
gewalttätig reden sie von oben herab.
9 Sie reissen ihr Maul auf bis an den Himmel,
und ihre Zunge hat auf Erden freien Lauf.

10 Darum wendet sich sein Volk ihnen zu,
und die Wasser ihrer Worte schlürfen sie gierig.
11 Sie sagen: Wie sollte Gott es wissen,
gibt es ein Wissen beim Höchsten?
12 Sieh, das sind die Frevler,
immer im Glück häufen sie Reichtum.

II
13 Fürwahr: Ganz umsonst hielt ich mein Herz rein,
wusch ich meine Hände in Unschuld.
14 Ich war geplagt jeden Tag,
Morgen für Morgen traf mich Züchtigung.
15 Hätte ich gesagt: So will auch ich reden,

dann hätte ich die Generation deiner Söhne verraten.
16 Da sann ich nach, es zu verstehen,
Qual war es in meinen Augen,
17 bis ich zum Heiligtum Gottes kam,
und achthatte auf ihr Ende.

III
18 Fürwahr: Du stellst sie auf schlüpfrigen Boden,
du lässt sie ins Leere fallen.
19 Wie werden sie zum Entsetzen im Nu!
Sie verschwinden, nehmen ein Ende mit Schrecken.
20 Wie einen Traum nach dem Erwachen, Herr,
so verachtest du, wenn du aufwachst, ihr Bild.

21 Als mein Herz verbittert war
und ich stechenden Schmerz in den Nieren spürte,
22 da war ich ein Narr und hatte keine Einsicht,
ein Vieh – und doch war ich mit dir.

23 Nun aber bleibe ich stets bei dir,
du hast mich an meiner rechten Hand gehalten.
24 Nach deinem Ratschluss leitest du mich,
und hernach nimmst du mich auf in Herrlichkeit.
25 Wen hätte ich im Himmel!
Bin ich bei dir, so begehre ich nichts auf Erden.
26 Mögen mein Leib und Herz verschmachten,
der Fels meines Herzens und mein Teil ist Gott auf ewig.
27 Denn sieh, die dir fern sind, kommen um,
du vernichtest jeden, der treulos dich verlässt.
28 Ich aber: Gottes-Nahen ist gut für mich,
bei Gott, dem HERRN, habe ich meine Zuflucht.
All deine Werke will ich verkünden.»

Liebe Gemeinde,
Psalm 73 zeugt von einer tiefen Lebens- und Gotteskrise. Der Psalm könnte vor dem Hintergrund einer Diktatur interpretiert werden oder vor dem eines Konzentrationslagers. Ich habe unter anderem bei einem Rabbiner studiert, der Auschwitz überlebt hat. Er hat mich zum ersten Mal bewusst mit diesem Psalm konfrontiert, der für seine Verarbeitung der schrecklichen Ereignisse sehr wichtig war. Es geht im Psalm um eine sehr existentielle Lebens- und Gotteskrise. Wir leben heute jedoch nicht in einer Diktatur oder haben Erfahrungen mit Konzentrationslagern. Deshalb interpretiere ich den Psalm 73 vor einem anderen Hintergrund. Der Psalm lässt sich in drei Teile gliedern:
I DIE URSACHE UND DIE DIMENSION DER KRISE (V. 1-12)
II DIE SUCHE NACH EINEM WEG AUS DER KRISE (V. 13-17)

III DER VON GOTT ERÖFFNETE WEG AUS DER KRISE (V. 18-28)

I DIE URSACHE UND DIE DIMENSION DER KRISE

Herr Beat Allerwelt ist der reiche Besitzer einer Glashütte mit dreihundertdreissig Angestellten. Die Glashütte ist der grösste Arbeitgeber am Ort. Neben seiner Frau hat Beat Allerwelt verschiedene Freundinnen, präsidiert den Schützenverein, hinterzieht Steuern und besticht den Gemeinderat. Das Feinschmeckerrestaurant ist sein zweites Zuhause, den Führerschein hat er schon mehrfach wegen Alkohols am Steuer und überhöhter Geschwindigkeit mit seinem Jaguar abgenommen bekommen – aber mit einer kleinen Summe liessen sich diese Probleme immer regeln. Trotz aller Ausschweifungen erfreut er sich bester Gesundheit und strotzt vor Lebensfreude.

Frau Helen Prinzlo[5] hat eine Teilzeitstelle als Graphikerin. Sie engagiert sich schon seit Jahren in der Jugendarbeit der Kirchgemeinde und im Elternverein und ist nun im Alter von einunddreissig Jahren an kaum heilbarer Leukämie erkrankt. Helens Ehemann hielt diese Krankheit und seine eigene Entlassung als Ingenieur nicht mehr aus und hat die Familie verlassen. Helen Prinzlo weiss jetzt nicht, wie es mit ihr und ihren drei Kindern überhaupt noch weitergehen soll.

Solche Fälle kommen vor und oft höre ich dann den folgenden oder einen ähnlichen Satz: «Irgendetwas stimmt doch nicht in dieser Welt.» Ähnlich ging es dem Beter des 73. Psalms. Der Psalm beginnt in Vers 1 mit einer allgemeinen Lebensregel, von der wir sicher alle wünschten, dass sie gelte: «Lauter Güte ist Gott gegen Israel, gegen die, die reinen Herzens sind.»

So hätten wir es gern. Wer ein anständiges Leben führt, wer versucht, Jesus nachzufolgen, wer glaubt und betet, wer sich selbstlos einsetzt, dem möge doch Gott nahe sein. So hat es zunächst auch Helen Prinzlo gesehen und erlebt. Aber dann folgte ein Schicksalsschlag auf den nächsten. Und jetzt stellen sie sich ein, die Wut, die Enttäuschung, die Resignation. Der Beter des Psalms wäre in einer ähnlichen Situation beinahe gestrauchelt, hätte seinen Glauben und seine Überzeugungen beinahe verloren: «Ich aber wäre beinahe ausgeglitten mit meinen Füssen, um ein Haar wären meine Schritte ins Wanken geraten. Denn ich ereiferte mich über die Prahler, als ich sah, dass es den Frevlern gut geht.» (V. 2f.)

Warum kann sich der reiche Herr Allerwelt alles erlauben? Warum bietet niemand ihm Einhalt, auch wenn er es immer dreister treibt? Jetzt hat er auch noch einen Teil der Glashütte nach Tschechien ausgelagert und hier achtzig Leute entlassen. Was ist mit mir, mit Helen Prinzlo? Vor lauter Stress habe ich vergessen die Stromrechnung zu zahlen. Jetzt drehten sie mir den Strom ab. Wie soll ich jetzt für die Kinder kochen? Übermorgen muss ich schon wieder für vier Tage ins Spital. Wer versorgt dann nur die Kinder? Glauben, beten, sich gar engagieren, was soll das noch?

In den Versen 4-12 des Psalms werden die Frevler nun genauer beschrieben. Zuerst hinsichtlich ihres Seins: «Sie leiden keine Qualen bis zu ihrem Tod, und fett ist ihr Leib. Von der Mühsal der Sterblichen sind sie frei, sie werden nicht geplagt wie andere Menschen.» (V. 4f.) Und dann hinsichtlich ihres Tuns: «Darum ist Hochmut ihr Halsgeschmeide, Gewalttat das Gewand, das sie umhüllt. Sie sehen kaum aus den Augen vor Fett, ihr Herz quillt über von bösen Plänen. Bösartig höhnen und reden sie, gewalttätig reden sie von oben herab. Sie reissen ihr Maul auf bis an den Himmel, und ihre Zunge hat auf Erden freien Lauf.» (V. 6-9) Dieses Verhalten der Frevler findet, wie alles Spektakuläre, Zulauf: So heisst es in Vers 10: «Darum wendet sich sein Volk ihnen zu, und die Wasser ihrer Worte schlürfen sie gierig.» Und nun hören wir in Vers 11 die Frevler ihr eigentliches Bekenntnis sprechen: «Wie sollte Gott es wissen, gibt es ein Wissen beim Höchsten?» Das ist praktischer Atheismus. Gott sieht nichts, Gott hört nichts und Gott tut nichts. Wir können uns alles erlauben – wie Beat Allerwelt. Niemand setzt uns eine Grenze. Vers 12 nun zieht ein Resümee über das Sein und Tun der Frevler: «Sieh, das sind die Frevler, immer im Glück häufen sie Reichtum.»

Die Krise des Psalmbeters ist voll hereingebrochen. Es ist eine Lebens- und eine Gotteskrise – wie bei Helen Prinzlo. Die grundlegende Lebensregel, dass Gott denen nahe ist, die reinen Herzens sind, ist dem Beter zutiefst fraglich geworden. Die Welt, wie sie sich darstellt, wird ihm zum Albtraum: «Ganz umsonst hielt ich mein Herz rein, wusch ich meine Hände in Unschuld.» (V. 13)

II DIE SUCHE NACH EINEM WEG AUS DER KRISE

Aus der Krise gibt es zwei mögliche Auswege. Der eine Ausweg ist, ins Lager der Frevler überzuwechseln. Beat Allerwelt ist zwar ein Mistkerl, aber er interessiert sich für mich. Kürzlich beim Neujahrsapéro hat er sich nach mir erkundigt. Ich könnte mich auf eine Affäre einlassen. Sicher wäre er grosszügig und ich könnte endlich auch ein Stück vom grossen Kuchen abbekommen – in der wenigen Lebenszeit, die mir noch bleibt. Dieser Ausweg wird in Vers 15a erwogen: «So [wie die Frevler] will auch ich reden.» Aber jetzt hält Helen Prinzlo plötzlich inne. Will ich das wirklich, ins Lager von Beat Allerwelt überwechseln? Was ist mit meinen Idealen, für die ich immer eingetreten bin? Und mit meinen Freundinnen und Freunden, mit den Jugendlichen der Kirchgemeinde und meinen Kindern, für die ich ein Vorbild bin? Liesse ich mich auf die Lebenswelt von Beat Allerwelt ein, dann – so Vers 15b – hätte ich alle, die zu dir, Gott, gehören, verraten. – «Da sann ich nach, es zu verstehen, Qual war es in meinen Augen.» (V. 16) Die Lebens- und Glaubenskrise spitzt sich zu, wird quälend. Helen Prinzlo ist ihr bisheriges Leben nahezu zerbrochen, aber auf die andere Seite zu den Frevlern überwechseln kann sie auch nicht. Was jetzt?

Die Krise dauert an, «bis ich zum Heiligtum Gottes kam.» Der andere Ausweg deutet sich in Vers 17 des Psalms an und markiert die Wende. Helen Prinzlo meditiert eine ganze Nacht lang, vielleicht allein oder zu zweit oder dritt. Oder sie fährt für eine Woche in die Kommunität Taizé nach Burgund, wo sie bereits als Jugendliche öfter war. Oder sie zieht sich für ein Wochenende zu den Diakonissen nach Riehen zurück. Oder sie besucht den Gottesdienst und hört eine ganz ausserordentliche Predigt. Das alles kann auch ein Prozess von Wochen sein. Jedenfalls sucht sie eine Gottesbegegnung und macht sie eine Gotteserfahrung. Sie dringt tiefer ein in Gott und kommt mit einer veränderten Sicht auf die Frevler und ihr eigenes Leben aus dieser Begegnung heraus.

III DER VON GOTT ERÖFFNETE WEG AUS DER KRISE

Helen Prinzlo sieht die Frevler nun nicht mehr aus ihrer eigenen Perspektive, sondern mit den Augen Gottes: «Du stellst sie auf schlüpfrigen Boden, du lässt sie ins Leere fallen. Wie werden sie zum Entsetzen im Nu! Sie verschwinden, nehmen ein Ende mit Schrecken. Wie einen Traum nach dem Erwachen, Herr, so verachtest du, wenn du aufwachst, ihr Bild.» (V. 18-20) Das letzte Bild ist besonders interessant und ausdrucksstark. Es geht um die Zeit Gottes, nicht um unsere menschliche Zeit. In unserer Zeit existieren die Frevler weiter. Aber in der Zeit Gottes, die keine Zeit ist, die wir uns vorstellen könnten, verschwinden die Frevler wie ein Traumbild nach dem Erwachen. Sie sind einfach weg, haben keine Zukunft. Ihr Weg verliert sich, wie es in Psalm 1 heisst. Natürlich ist der Gott Israels auch ein Gott des Erbarmens, aber das ist für einmal nicht das Thema.

Und nun fährt Helen in den Versen 21-22 mit einer kritischen Selbsterkenntnis fort: «Als mein Herz verbittert war und ich stechenden Schmerz in den Nieren spürte, da war ich ein Narr und hatte keine Einsicht, ein Vieh – und doch war ich mit dir.» Der eigene Schmerz und die eigenen Kränkungen haben Helen sozusagen die Sicht verstellt. Mit der Wut auf Beat Allerwelt lenkte sie sich selbst von einem nüchternen Blick auf sich selbst ab. Jetzt wird ihr klar: «Mit meinen Anklagen, die ich nachts wach liegend im Bett auch an dich, Gott, richtete, war ich doch immer mit dir. Nur habe ich das gar nicht mehr wirklich realisiert, dass ich zwar eine Klagende bin, aber eine Klagende vor dir. Warum sich länger an Herrn Allerwelt abarbeiten? Sein Weg ist der falsche und die Auseinandersetzung mit ihm lenkt nur vom eigenen Weg ab, dem nach den Versen 23f. Zukunft verheissen ist: «Nun aber bleibe ich stets bei dir, du hast mich an meiner rechten Hand gehalten. Nach deinem Ratschluss leitest du mich, und hernach nimmst du mich auf in Herrlichkeit.» In der Vergangenheit hast du, Gott, meine Hand ergriffen. In der Gegenwart führst du, Gott, mich nach deinem Ratschluss. Und in der Zukunft wirst du, Gott, mich zu dir nehmen. In diesem letzten Satz, der sich auf die Zukunft mit Gott bezieht, deutet sich ganz vorsichtig so etwas an, wie ein Leben mit Gott auch über den Tod hinaus. Wenn es also so ist, dass Gott in der Vergangenheit, in der Gegenwart und in der Zukunft auf mein Leben achtet, dann benötige ich nichts sonst, wie es in den Versen 25-26 heisst: «Wen hätte ich im Himmel! Bin ich bei dir, so begehre ich nichts auf Erden. Mögen mein Leib und Herz verschmachten, der Fels meines Herzens und mein Teil ist Gott auf ewig.»

Und nun schliesst der Psalm mit einem doppelten Resümee über die Zukunft der Frevler und die Zukunft des Beters. Über die Frevler heisst es sehr hart in Vers 27 so: «Denn sieh: die dir fern sind, kommen um, du vernichtest jeden, der treulos dich verlässt.» Von den Frevlern wird in der Mehrzahl gesprochen, weil sie das weithin übliche menschliche Verhalten repräsentieren. Vom Beter wird in Vers 28 nun in der Einzahl geredet, weil der Psalm möchte, dass wir uns mit diesem einzelnen Beter identifizieren: «Ich aber: Gottes-Nahen ist gut für mich, bei Gott, dem HERRN, habe ich meine Zuflucht. All deine Werke will ich verkünden.»

Damit schliesst sich sozusagen der Kreis vom Anfang des Psalms bis zu seinem Ende. Die allgemeine Lebensregel am Anfang lautet so: «Lauter Güte ist Gott gegen Israel, gegen die, die reinen Herzens sind.» Gerade diese Regel war Helen fraglich geworden. Aber nachdem Gott Helen neu hat erkennen lassen, kann sie am Ende mit ähnlichen Worten die Regel des Anfangs bestätigen: «Gottes-Nahen ist gut für mich, bei Gott, dem HERRN, habe ich meine Zuflucht.»

In diesem letzten Vers liegt noch eine sprachliche Schwierigkeit verborgen. Wörtlich ist vom Nahen Gottes die Rede. Das kann heissen, dass der Mensch sich Gott nähert oder aber dass Gott sich dem Menschen nähert. Im Licht der Verse 23f., in denen davon die Rede ist, dass Gott in der Vergangenheit, in der Gegenwart und in der Zukunft auf das Leben des Beters achtet, wird man auch den letzten Vers in diesem Sinne verstehen dürfen. Gottes-Nahen ist gut für mich, also der Umstand, dass Gott mir nahe kommt. Denn, wie der israelische Aphoristiker Elazar Benyoëtz es sagt: «Der Glaube geschieht einem und wem er geschieht, dem geschieht er zu Recht.»[6] So hat es Helen in der Begegnung mit Gott neu erfahren und so können auch wir es immer wieder neu erfahren. «Der Glaube geschieht einem und wem er geschieht, dem geschieht er zu Recht.» Und dann geschieht auch, was die letzte Zeile des Psalms sagt: «All deine Werke will ich verkünden.» Amen.

Seifenblasen

schillernde Kugeln
leicht
fast schwerelos
formvollendet
gehalten
vom Gleichgewicht
der Kräfte
steigen
in den lichtblauen
Sommerhimmel
sanft getragen
von lauen Winden
zart
zerbrechlich
hielten
wundersame Gebilde
künden
von flüchtiger
Schönheit

kaum berührt
ein Hauch
und sie zerstieben
in feinste Tröpfchen
dem Auge
entflohen

Lebensträume
prall und bunt
wie Seifenblasen
ersehnter Augenblick
schweben in Glückseligkeit
ein rauer Windstoss
harte Wirklichkeit
der Blick erstarrt
im leeren Himmel

zerstört scheint
das erstrebte Ziel
oder war ein Trugbild
was wir für volles Leben

ob wir vertrauen
Gottes Hand
die unsere Träume
und was davon verbleibt
die kleinsten Teilchen
sorgsam birgt
und sie zusammenfügt
zu einem Neuen
sinnvoll
rund und ganz

Juli 2008

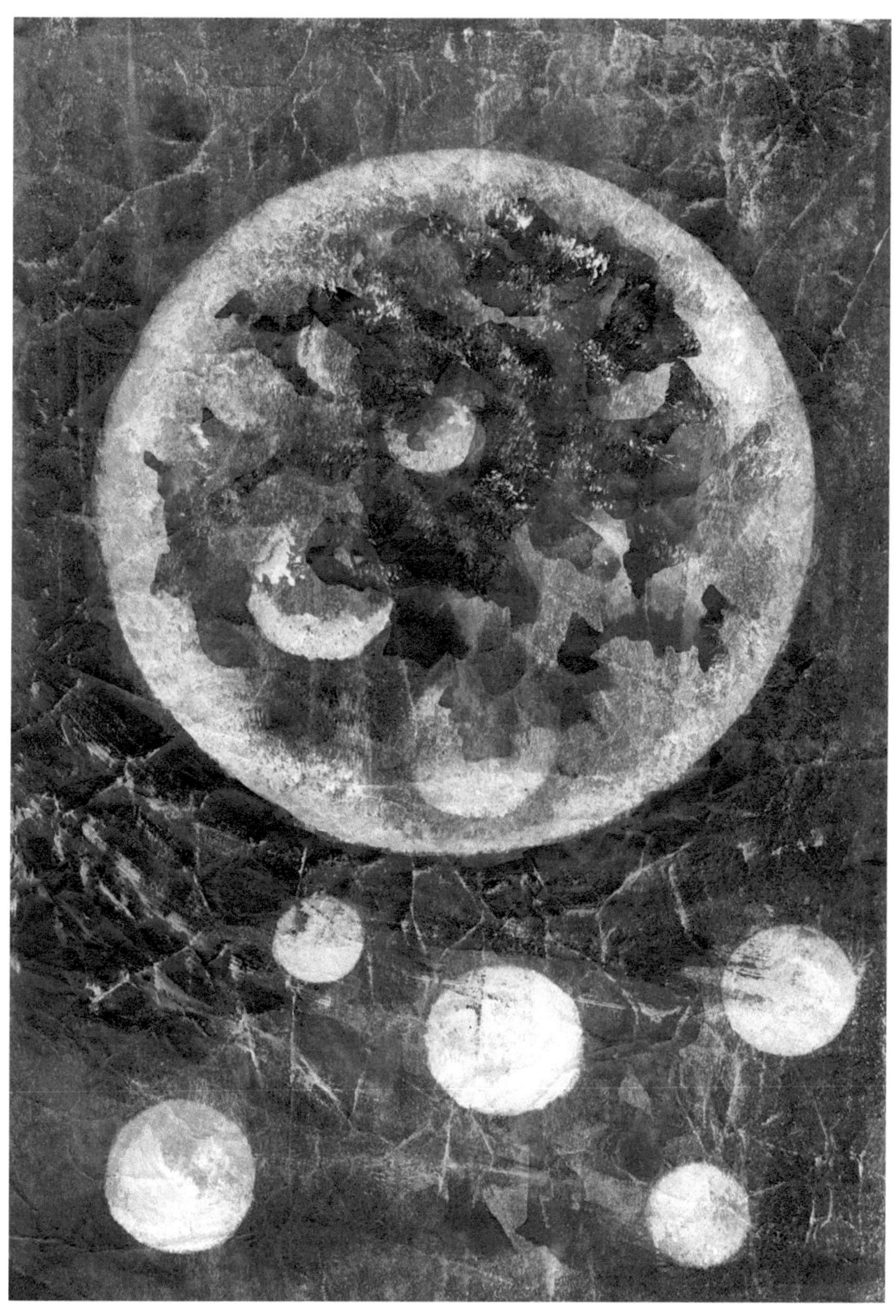

Der Hüter Israels

Lesung: Lukas 17,11-19

Psalm 121
9.9.2007

Liebe Gemeinde,
ich predige heute über einen Psalm, den Sie alle sicher kennen und den ich selbst wegen einer Besonderheit schätze – ich komme später auf diese Besonderheit zu sprechen. Es ist der 121. Psalm, der in der neuen Zürcher Bibelübersetzung den unpassenden Titel trägt «Ich hebe meine Augen auf zu den Bergen». Darauf, weshalb dieser Titel unpassend ist, komme ich auch später zurück. Die Psalmen 120-134 bilden eine Gruppe, weil sie fast alle die exakt gleiche Überschrift tragen. Jeder einzelne dieser Psalmen heisst Aufstiegs- oder Wallfahrtslied. Gemeint ist der Aufstieg aus dem babylonischen Exil hinauf nach Jerusalem. Die Eingangspsalmen der Gruppe, 120-122, zeigen diese Bewegung exemplarisch. Psalm 120 thematisiert die Unterdrückung Israels im babylonischen Exil. Psalm 122 spricht davon, dass das Volk Israel zurückkehrt und an den Toren der Stadt Jerusalem angekommen ist. Dazwischen steht Psalm 121. Es ist der Psalm für den gefahrvollen Weg. Deshalb lautet seine Überschrift auch etwas anders. Nicht ein Aufstiegs- oder Wallfahrtslied, sondern ein Lied für den Aufstieg oder für die Wallfahrt. Diese drei Psalmen, die die Bewegung vom babylonischen Exil hinauf nach Jerusalem ausdrücken, sind jedoch nicht in einem rein historischen Sinn zu verstehen.

In den Psalter aufgenommen wurden diese Psalmen, weil Im-Exil-Sein eine existentielle menschliche Befindlichkeit ist und weil Jerusalem ein Bild für das Ziel des menschlichen Lebensweges ist. Das Neue Testament drückt diesen Umstand dadurch aus, dass im Buch der Offenbarung des Johannes von der Stadt Jerusalem die Rede ist, die sich aus dem Himmel herab auf die Erde senkt und der wir als Christen entgegengehen. Ich lese den Psalm nach der neuen Zürcher Bibelübersetzung.

1 «Ein Wallfahrtslied.
Ich hebe meine Augen auf zu den Bergen:
Woher wird mir Hilfe kommen?
2 Meine Hilfe kommt vom HERRN,
der Himmel und Erde gemacht hat.
3 Er lässt deinen Fuss nicht wanken;
der dich behütet, schlummert nicht.
4 Sieh, nicht schlummert noch schläft
der Hüter Israels.
5 Der HERR ist dein Hüter,
der HERR ist dein Schatten zu deiner Rechten.
6 Bei Tage wird dich die Sonne nicht stechen,

noch der Mond des Nachts.
7 Der HERR behütet dich vor allem Bösen,
er behütet dein Leben.
8 Der HERR behütet deinen Ausgang und Eingang
von nun an bis in Ewigkeit.»

Der Psalmtext setzt sich aus mehreren Stimmen zusammen. Wir hören Worte von unterschiedlichen Weggenossen, die aufsteigen nach Jerusalem. Zunächst stellt eine Person eine Frage und gibt sich selbst die Antwort. «Ich hebe meine Augen auf zu den Bergen: Woher wird mir Hilfe kommen? Meine Hilfe kommt vom HERRN, der Himmel und Erde gemacht hat.» Als nächstes spricht eine zweite Person der ersten eine Verheissung zu: «Er lässt deinen Fuss nicht wanken; der dich behütet, schlummert nicht.» Klar erkennbar ist in diesem Vers, dass es sich um einen Psalm für einen Weg, einen Fussweg handelt – für den Weg eines Menschen, der sich aus dem Exil kommend nach Jerusalem ausrichtet, der die Stadt Jerusalem als Weg- und Lebensziel in den Blick nimmt. Sodann weiss eine weitere Person, dass ganz Israel beschützt ist: «Sieh, nicht schlummert noch schläft der Hüter Israels.»

In den Versen 5-8, das ist der ganze zweite Teil des Psalms, spricht vielleicht ein Chor. Angeredet wird ein «Du». Dieses «Du» ist individuell und kollektiv zugleich zu verstehen. Die angesprochene einzelne Person ist transparent, durchscheinend, auf ganz Israel hin und umgekehrt. «Der HERR ist dein Hüter, der HERR ist dein Schatten zu deiner Rechten. Bei Tage wird dich die Sonne nicht stechen, noch der Mond des Nachts. Der HERR behütet dich vor allem Bösen, er behütet dein Leben. Der HERR behütet deinen Ausgang und Eingang von nun an bis in Ewigkeit.»

Im Folgenden möchte ich nun auf Dreierlei konkreter eingehen, auf die Berge und den Namen, auf das Thema des Psalms und auf seine Zeitform.

I DIE BERGE UND DER NAME

Der Beter hebt seine Augen auf zu den Bergen. Wird seine Hilfe von dort kommen? Wer kennt das nicht? Hilfe erwarten wir eher von jemandem, der stark und zuverlässig ist. Vor einer Zeit hat eine Grossbank mit dem Slogan «ein starker Partner» geworben. Sind wir auf Reisen oder ganz in der Fremde, gibt uns vielleicht die vertraute Heimat ein Gefühl von Sicherheit und Zuverlässigkeit. Idole, Popstars, markig redende Politiker oder religiöse Führer vermögen die Massen zu begeistern und ein Gefühl von Stärke und Zuverlässigkeit zu vermitteln. Für Stärke und Zuverlässigkeit steht das Symbol der Berge. Berge sind gross, hoch, mächtig, unverrückbar, massiv usw. Aber daher kommt die Hilfe nun gerade nicht. Deshalb ist der Titel des Psalms, den die Zürcher Bibel gewählt hat, auch schlecht. Hilfe kommt vielmehr vom HERRN, der Himmel und Erde gemacht hat. Mit dieser Aussage werden zum einen die Berge und alles, wofür sie stehen, entzaubert. Wie Himmel und Erde sind auch die Berge Geschöpfe des HERRN. Tatsächlich haben sie keine eigene Macht über Menschen.

Zum anderen erfahren wir, dass die Hilfe vom *HERRN* kommt, der Himmel und Erde gemacht hat. Im ganzen Psalm ist nirgends von Gott, sondern nur vom HERRN die Rede. Den Namen des HERRN, der in Exodus 3,14 steht, übersetzt die neue Zürcher Bibel mit «Ich werde sein, der ich sein werde.» Darin steckt Dynamik. Der HERR ist nicht für immer festgelegt, sondern ist selbst im Werden, passt sich den Menschen an, mit denen er einen Bund schloss. Und das kann auch bedeuten, dass der HERR für uns im Leisen präsent ist. Dem Elija zeigte sich der HERR im «Flüstern eines sanften Windhauchs.» (1 Könige 19,12).

Uns zeigte sich der HERR in der Hingabe des Lebens, Leidens und Sterbens Jesu. Ich könnte sagen: Der HERR begegnet uns in Niedrigkeit. Und vielleicht ist es deshalb so, dass in der neuen Zürcher Übersetzung das Wort HERR in Kapitälchen geschrieben steht. Das heisst, HERR steht zwar in Grossbuchstaben, aber die Grossbuchstaben sind nicht höher als die Kleinbuchstaben. Dieser HERR jedenfalls ist es, von dem unsere Hilfe kommt, und nicht von den Bergen. Ich komme zum

II THEMA DES PSALMS

«Ich hebe meine Augen auf zu den Bergen», wie die Zürcher Bibel meint, ist nun gerade nicht das Thema. Mitunter hilft es auf der Suche nach dem Thema eines Textes festzustellen, was in seiner Mitte steht. In hebräischer Poesie ist es häufig so, dass in der Mitte eines Textes das Entscheidende steht. So auch in Psalm 121. Exakt in der Mitte des hebräischen Textes steht «Hüter Israels». Der Hüter Israels, das ist das Thema des Psalms und das wäre auch eine gute Überschrift für diesen Text.[7] Das Thema wird in den Versen 3 und 4 zunächst negativ entfaltet: «Er lässt deinen Fuss *nicht* wanken; der dich behütet, schlummert *nicht*. Sieh, *nicht* schlummert noch schläft der Hüter Israels.» Der HERR, auf den wir zusammen mit Israel vertrauen, ist hellwach. Er schläft und schlummert nicht. Was sein Name besagt, dass tut er zu jeder Zeit und in jeder Situation: Ich werde für euch da sein, als der ich für euch da sein werde. Das heisst jedoch nicht, dass der HERR immer in der Weise da sein wird, in der wir es uns vorgestellt haben, in der wir es erwarten. Die Gedanken des HERRN sind nicht unsere Gedanken. Der HERR ist der ganz Andere.

In der zweiten Hälfte des Psalms geht es dann positiv weiter: «Der HERR ist dein Hüter, der HERR ist dein Schatten zu deiner Rechten.» In diesem Bild wird der HERR mit einem Schatten verglichen. Die rechte Hand ist die Hand, die handelt, und meint den Menschen in seinem Tun. Der HERR begleitet das Tun des Menschen wie ein Schatten, wie ein Schatten, den man unter keinen Umständen abschütteln kann. Das Hüten des HERRN ereignet sich tags und nachts, es hat kein Ende. Dieses permanente Hüten wird im Bild von Sonne und Mond ausgedrückt, die einem Menschen nicht schaden können. Bei Tag wird die Sonne dich nicht stechen, noch der Mond des Nachts. Präziser gesagt, besteht das Hüten des HERRN darin, dass ein Mensch vor Bösem bewahrt und sein Leben beschützt wird. «Der HERR behütet dich vor allem Bösen, er behütet dein Leben.» Dieses Behüten des HERRN kann sich auch durch das, was Menschen einander tun verwirklichen, das, was wir füreinander in unserer Gemeinde tun, oder das, was wir über unsere Hilfswerke für den fernen Nächsten tun. «Der HERR behütet deinen Ausgang und Eingang von nun an bis in Ewigkeit.»

Psalm 121 ist ein Psalm für unterwegs. Deshalb heisst es, dass Gott den Ausgang und den Eingang, das Aufbrechen, den Weg und das Ankommen eines Menschen behütet – im Leben und im Tod. Die am häufigsten vorkommenden Worte HERR und Hüten sind die Leitworte oder der rote Faden des Psalms. Und damit komme ich zur Besonderheit der

III ZEITFORM DES PSALMS

Häufig ist es in Psalmen so, dass zunächst auf eine unheilvolle Situation zurückgeblickt wird. Entweder hat der HERR in dieser Situation bereits geholfen und damit besteht Grund für Dank und Hoffnung auf weitere Hilfe. Oder aber die Hilfe steht noch aus und wird zuversichtlich in naher Zukunft erwartet. Ganz anders der 121. Psalm. In diesem Psalm gibt es nur Gegenwart – Gegenwart, die sich fortsetzt in Zukunft. Der HERR ist der Hüter Israels und wird es bleiben. Auch in Vers 1 kann besser nicht mit «Woher *wird* mir Hilfe kommen?» sondern mit «Woher kommt mir Hilfe?» übersetzt werden.

Aber diese Gegenwart der Hilfe entspricht oft nicht unserer Erfahrung. Ist es nicht oft so, dass wir gerade keine Hilfe erfahren – in der Krankheit, in der Einsamkeit, im Alter, in der Beziehungskrise, angesichts feindlich gesonnener Menschen usw.? Ja, so ist es, und das weiss auch der Psalter. Deshalb sind sehr viele der 150 Psalmen Klagepsalmen. Psalm 121 sagt uns jedoch etwas anderes. Ja, es gibt die Not, es gibt die Klage – und letztere ist berechtigt. Aber da gibt es auch noch ein Dennoch. Dennoch ist der HERR dein Hüter, auch wenn du das gerade nicht verstehst.

Vielleicht so, wie es Julie Hausmann in dem Lied «So nimm denn meine Hände» schreibt: «Wenn ich auch gleich nichts fühle, von deiner Macht, du führst mich doch zum Ziele, auch durch die Nacht.» Oder wie Jesus zum ungläubigen Thomas sagt: «Selig, die nicht mehr sehen und glauben!» (Johannes 20,29b) Oder wie es der Hebräerbrief weiss: «Der Glaube aber ist die Grundlegung dessen, was man erhofft, der Beweis für Dinge, die man nicht sieht.» Psalm 121 verheisst uns die hilfreiche Gegenwart des Hüters Israels heute und in alle Zeit. Und wir dürfen dieser Verheissung – eventuell auch gegen unsere Erfahrung – vertrauen. Amen.

Thomas – ein Skeptiker

«Weil du mich gesehen hast, glaubst du.
Glücklich sind, die nicht sehen und trotzdem glauben!»
Johannes 20,29

er lässt sich nicht überzeugen
von dem was behauptet wird
schwatzt nicht nach
was andere ihm vorplappern
mit eigenen Augen will er sehen
selber erkennen und erfahren
dann erst glauben

sympathischer Typ
ein Kritischer
dieser Thomas

viele finden sich in ihm wieder
und selbst im Spiegel starren mich
seine vertrauten Züge an

Jesus nimmt den Jünger liebend ernst
in seinem Glauben und im Zweifel
erkennt in ihm trotz seiner Skepsis
echtes Verlangen
nach einem Grund
der wirklich trägt

der Zweifelnde empfängt
was er ersehnt und braucht
er darf den Auferstandenen sehen
und überwältigt kann er glauben

private Audienz wird ihm gewährt
da ist Vertrauen leicht für den
dem Gott sich derart zeigt

doch wen preist Jesus glücklich
nicht die auf Wunder warten
und setzen auf Spektakel
glücklich die glauben
obwohl sie nicht sehen

Geschichte Gottes mit den Menschen
wird oft schlicht geschrieben
geheimnisvoll erschliesst sich Gott
auch heute
nimmt Menschen mit auf seinen Weg
lässt sie vertrauen und bekennen
mein Herr mein Gott

April 2008

Die Schöpfung und ihr Ziel

Psalm 92
Gemeindetag 24.8.2008

Liebe Gemeinde!

I GEFAHREN DES SPEKULATIVEN
In der jüdischen Tradition[8] wird die Frage gestellt, warum die Schöpfungserzählung als erster Text der Bibel mit dem Buchstaben Beth anfängt. Das Beth ist der zweite Buchstabe des hebräischen Alphabets und es würde doch näher liegen, wenn die Bibel mit dem ersten Buchstaben, statt mit dem zweiten anfinge. Ich möchte Sie nun bitten, kurz den ausgeteilten Text zu betrachten:

בְּרֵאשִׁית בָּרָא אֱלֹהִים אֵת הַשָּׁמַיִם וְאֵת הָאָרֶץ׃

<——— Leserichtung

«Im Anfang schuf Gott Himmel und Erde.»
Genesis 1,1

Sie sehen den ersten Satz der Bibel, mit dem die Schöpfungserzählung eingeleitet ist. Der fettgedruckte Buchstabe oben rechts ist das Beth. Bitte achten Sie auf seine Form. Nochmals die Frage: Warum fängt die Weltschöpfung mit dem Buchstaben Beth an? Die sinngemässe Antwort lautet so: Das Beth ist nach drei Seiten zu und nur nach vorn offen. Das lehrt, dass man nicht wissen kann, was vor, über oder unter der Schöpfung ist. Wichtig ist vielmehr, wie der Mensch *in* der Schöpfung nach den Geboten Gottes leben soll.

Philosophische Spekulationen über die Schöpfung gelten darüber hinaus als gefährlich. Von Rabbi Schimon ben Soma wird erzählt, dass er sich intensiv mit der Frage befasste, ob die Schöpfung aus dem Nichts erfolgt sei oder aus vorgefundener Materie.[9] Kurz darauf starb er.

Dass philosophische oder naturwissenschaftliche Spekulationen über die Schöpfung irritierend sind, wissen Sie vielleicht aus eigener Erfahrung, mir jedenfalls geht es so. Der Urknall, wie müssten wir uns den vorstellen? Ist die Theorie vom Urknall nicht inzwischen selbst zu einem Mythos geworden, wie die biblische Vorstellung der Schöpfung in sechs Tagen? Und was war vor dem Urknall? Ein gigantischer Energiewirlpool? Ein anderes Universum? Schwingen die Universen durch das Nadelöhr des Urknalls hin und her? Neuerdings ist sogar von Multiversen die Rede. Durchdringen sich diese Multiversen gegenseitig wie unsichtbare Radiowellen die materielle Welt? Wo soll das enden, wenn das Universum, das wir uns einigermassen vorstellen können, mit riesiger Geschwindigkeit immer weiter auseinander triftet? Entsteht an den Rändern immer neuer Raum und neue Zeit? Bei diesen Fragen wird mir beinahe schwindlig und sie machen mir Angst. Was ist in dieser ganzen verwirrenden Unendlichkeit mit mir? Und wie soll ich mir Gott als Schöpfer in diesem Kontext noch vorstellen, wie darauf vertrauen? Die vom Buchstaben Beth abgeleitete Warnung, nicht nach dem zu fragen, was über, unter oder hinter der Schöpfung liegt, scheint mir berechtigt. Und vielleicht hat der württembergische Pietist Friedrich Christoph Oetinger ja recht, wenn er schreibt: «Es ist wahr. Niemand weiss, was Schöpfung ist, als der Schöpfer.» Analog dazu geht es mir heute, bezogen auf die Schöpfung, weniger um ihren Ursprung als um ihr Ziel.

II DER SABBAT

Hinsichtlich der ersten biblischen Schöpfungserzählung in Genesis 1-2, Vers 3 besteht möglicherweise ein Missverständnis. Dieses Missverständnis besagt, es ginge in diesem Text vor allem um die Schöpfung. Das ist aber nicht der Fall, obwohl die weitaus meisten Passagen von der Schöpfung handeln. Den Höhepunkt des Textes bildet der siebte Tag, der Sabbat, auf den in der ersten Schöpfungserzählung alles hinausläuft. Der Rest ist eher eine ausführliche Begründung des Sabbats, des Tages, an dem Gott von seinem Schaffen ruht. Die vom siebten Tag handelnde Passage in Genesis 2 lautet so: «Und so wurden vollendet Himmel und Erde und ihr ganzes Heer. Und Gott vollendete am siebten Tag sein Werk, das er gemacht hatte, und er ruhte am siebten Tag von all seinem Werk, das er gemacht hatte. Und Gott segnete den siebten Tag und heiligte ihn, denn an ihm ruhte Gott von all seinem Werk, das er durch sein Tun geschaffen hatte.» (V. 1-3) Der siebte Tag ist also der Tag Gottes. Dieser Tag ist gesegnet und geheiligt, also mit heilvoller Kraft begabt und von den anderen Tagen ausgesondert. Ähnlich formuliert ist das vierte Gebot in Exodus 20: «Denke an den Sabbattag und halte ihn heilig. Sechs Tage sollst du arbeiten und all deine Arbeit tun. Der siebte Tag aber ist ein Sabbat für den HERRN, deinen Gott. Da darfst du keinerlei Arbeit tun, weder du selbst noch dein Sohn oder deine Tochter, dein Knecht oder deine Magd noch dein Vieh oder der Fremde bei dir in deinen Toren. Denn in sechs Tagen hat der HERR den Himmel und die Erde gemacht, das Meer und alles, was in ihnen ist, dann aber ruhte er am siebten Tag. Darum hat der HERR den Sabbattag gesegnet und ihn geheiligt.» (Exodus 20,8-11) Ist in der Schöpfungserzählung nur vom Ruhen Gottes die Rede, so fordert das vierte Gebot die Israeliten auf, den Sabbat zu heiligen, indem jegliche Arbeit ruht.

In frühkirchlicher Zeit wurde die Feier des Sabbats allmählich zugunsten der Feier des Sonntags als dem Tag der Auferstehung Jesu aufgegeben und anders akzentuiert. Insbesondere die Reformatoren legten auf den Aspekt der Sabbatruhe weniger Wert. Die Anzahl kirchlicher Feiertage war derart ausgeufert, dass die Reformatoren dieser ganzen Feiertagsfaulenzerei den Kampf ansagten. In der Begründung des vierten Gebots nach dem Heidelberger Katechismus kommt denn auch die Sabbatruhe nicht vor. Frage 103 des Heidelberger Katechismus lautet: «Was will Gott im vierten Gebot?» Antwort: «Gott will zum einen, dass das Predigtamt und die christliche Unterweisung erhalten bleiben und dass ich, besonders am Feiertag, zu der Gemeinde Gottes fleissig komme. Dort soll ich Gottes Wort lernen, die heiligen Sakramente gebrauchen, den Herrn öffentlich anrufen und in christlicher Nächstenliebe für Bedürftige spenden. Zum andern soll ich an allen Tagen meines Lebens von meinen bösen Werken ablassen und den Herrn durch seinen Geist in mir wirken lassen. So fange ich den ewigen Sabbat schon in diesem Leben an.»

Der Feiertag wird folglich geheiligt durch den Gottesdienst, bestehend aus der Verkündigung, der Anbetung, der Sakramentsverwaltung und der Kollekte. Mehr oder weniger also durch das, was wir gerade tun.

Mit Hinweis auf Jesaja 66,23 taucht jedoch noch ein neuer Aspekt auf, der des ewigen Sabbats. Bei Jesaja heisst es so: «Denn wie der neue Himmel und die neue Erde, die ich mache, vor mir bestehen bleiben, Spruch des HERRN, so bleiben eurer Nachkommen und eure Namen bestehen. Und Neumond für Neumond und Sabbat für Sabbat wird alles Fleisch kommen, um sich vor mir niederzuwerfen, spricht der HERR.» Nach dem Heidelberger Katechismus soll unser Leben in der Kraft des Heiligen Geistes täglich aus diesem ewigen Sabbat heraus geheiligt werden. Ich komme an Hand von Psalm 92 darauf zurück.

III PSALM 92 UND SEINE GRUNDSTRUKTUR

Die Bibel überliefert uns einen Psalm, der durch seine Überschrift dem wöchentlichen Sabbat zugewiesen ist, Psalm 92.

1 «Ein Psalm. Ein Lied für den Sabbattag.

I

2 Gut ist es, den HERRN zu preisen
und deinem Namen, Höchster, zu singen,
3 am Morgen deine Güte zu verkünden — VERKÜNDEN
und deine Treue in den Nächten,
4 zur zehnsaitigen Laute und zur Harfe,
zum Klang der Leier.

II

5 Denn du hast mich erfreut, HERR, durch dein Walten, — 52 Wörter
über die Werke deiner Hände juble ich. — (= 2 x 26)
6 Wie gross sind deine Werke, HERR,
wie tief deine Gedanken! — RETTUNG
7 Ein Narr, der es nicht erkennt,
ein Tor, der es nicht begreift.

III

8 Auch wenn die Frevler wie Unkraut wuchern
und alle Übeltäter blühen, — FEINDE
sie werden vernichtet für immer.

IV

9 Du aber, HERR, bist in der Höhe auf ewig. 4 Wörter

V

10 Denn sieh, deine Feinde, HERR,
sieh, deine Feinde müssen vergehen, FEINDE
und alle Übeltäter werden zerstreut.

VI

11 Doch du hast mein Horn erhoben wie das eines Wildstiers,
du hast mich mit frischem Öl übergossen.
12 Mit Lust blickt mein Auge auf die, die mich belauern, RETTUNG
hören meine Ohren vom Geschick der Übeltäter,
die gegen mich aufstehen.

VII

13 Der Gerechte sprosst wie die Palme, 52 Wörter
er wächst wie die Zeder auf dem Libanon. (= 2 x 26)
14 Gepflanzt im Haus des HERRN,
blühen sie auf in den Vorhöfen unseres Gottes.
15 Noch im Alter tragen sie Frucht,
bleiben saftig und frisch,
16 um kundzutun: Gerecht ist der HERR, VERKÜNDEN
mein Fels, und an ihm ist kein Unrecht.»

Der Psalm ist sehr kunstvoll gestaltet. Ich hebe die wichtigsten Aspekte hervor: Im Zentrum dieses Psalms, um das herum spiegelbildlich das Verkünden, die Rettung und die Feinde thematisiert sind, steht der HERR. Der Name HERR ist sieben Mal gebraucht, sieben ist die Zahl der Fülle. In die Mitte des Psalms ist der entscheidende Satz platziert: «Du aber, HERR, bist in der Höhe auf ewig.» Vorher und nachher stehen jeweils zweiundfünfzig hebräische Wörter, das sind zwei Mal sechsundzwanzig. Sechsundzwanzig ist der Zahlenwert des hebräischen Gottesnamens, der in der Zürcher Bibel mit HERR übersetzt ist. Es dreht sich also alles um den HERRN, unseren Gott. Verkündigt werden soll seine Güte, Treue und Gerechtigkeit. Erzählt werden soll von seinen Rettungstaten und vom kommenden Sieg über alles Böse.

IV VOM BESONDEREN ZUM ALLGEMEINEN

Gleich in der ersten Strophe ist explizit vom Namen Gottes die Rede. «Gut ist es, den HERRN zu preisen und deinem Namen, Höchster, zu singen.» Um den Namen Gottes geht es bei Mose am Dornbusch. Unser Gott ist der HERR, der sich Mose aus dem Dornbusch heraus bekannt gemacht hat. Unser Gott ist der HERR, der ankündigte, Israel aus Ägypten zu führen. Die Gotteserfahrung Israels ist direkt mit einer geschichtlichen Befreiungserfahrung verknüpft. Israel lernt Gott durch den Auszug aus Ägypten kennen. Was gemeint ist, zeigt folgendes Gleichnis: «Einer zog in eine Stadt und sprach zu den Bewohnern: Ich will über euch als König herrschen! Da sprachen sie zu ihm: Hast du uns etwas Gutes getan, dass du über uns herrschen willst? Was tat er? Er baute ihnen die Stadtmauer, leitete ihnen Wasser zu und führte für sie Kriege. Dann sprach er von neuem zu ihnen: Ich will über euch als König herrschen! Da sprachen sie zu ihm: Ja, ja! Ebenso führte Gott Israel aus Ägypten heraus, spaltete für sie das Meer, liess für sie das Manna regnen, liess für sie den Brunnen sprudeln, liess für sie die Wachteln heranziehen und führte für sie Krieg gegen Amalek. Dann sprach er zu ihnen: Ich will über euch als König herrschen. Sie sprachen darauf: Ja, ja.»[10]

Dieses Gleichnis verdeutlicht die Struktur der biblischen Gotteserkenntnis. Der Name Gottes, explizit zu hören in Exodus 3, «Ich werde sein, der ich sein werde» (14), wird in konkreten Taten erfahren, also im Besonderen. Im Besonderen wird Gott erkannt und vom Besonderen aus wird auf das Allgemeine geschlossen. Wenn dieser Gott uns aus Ägypten befreit und in der Wüste bewahrt hat, dann muss er auch der sein, der Himmel und Erde geschaffen hat. Dieser Gott muss es sein, der den chaotischen Urverhältnissen eine Grenze setzte und einen Raum zum Leben für Menschen, Tiere und Pflanzen bereitete. Ja, noch weiter ausgreifend: Dieser Gott, der uns befreite, muss es sein, der alles, was ist, aus dem Nichts rief.

Die gleiche Struktur der Gotteserkenntnis zeigt sich auch im Neuen Testament. Jesus heilt einen besessenen Knaben, indem er den unreinen Geist anschreit und vertreibt. Daraufhin heisst es als Wirkung des Wunders: «Und alle waren überwältigt von der Grösse Gottes.» (Lukas 9,43) Und die gleiche Struktur der Gotteserkenntnis zeigt sich auch in unserem Leben, sofern es sich im christlichen Glauben vollzieht. Irgendwann in meinem Leben wurde mir Christus wichtig, habe ich eine befreiende Erfahrung mit Christus, dem Lebendigen, gemacht. Irgendwann in meinem Leben hat mich Christus in der Kraft des Geistes berührt und bewegt. Irgendwann in meinem Leben bin ich von der Grösse Gottes überwältigt. Diesem Gott will man gern singen, «am Morgen deine Güte zu verkünden und deine Treue in den Nächten.» Dieser Gott muss es sein, der es Abend werden liess und Morgen: ein Tag. Und der es Abend werden lässt und Morgen – an jedem Tag. Der also seine Schöpfung auch erhält.

V DEIN WALTEN UND DEINE WERKE

Die zweite Strophe des Psalms lautet so: «Denn du hast mich erfreut, HERR, durch dein Walten, über die Werke deiner Hände juble ich. Wie gross sind deine Werke, HERR, wie tief deine Gedanken! Ein Narr, der es nicht erkennt, ein Tor, der es nicht begreift.» Das Walten und die Werke des HERRN sind nicht scharf voneinander zu trennen. Von den Werken ist bereits in der Schöpfungserzählung die Rede. «Ein Narr, der es nicht erkennt?»; ist damit eine Gotteserkenntnis aus der Natur gemeint? Nein, denn die Schöpfung ist eine Befreiungstat Gottes gegenüber den Mächten des Urchaos. Schöpfung heisst, den Lebensraum für Menschen zu eröffnen, heisst einen Ort für die Bundesgeschichte Gottes mit Israel zu bereiten. Heisst das Trockene entstehen zu lassen, das gleiche Trockene, auf dem Israel später auf der Flucht vor den Ägyptern durch das Schilfmeer ziehen wird. Eine romantische Verklärung der Natur, in der der Mensch Gott begegnet, kennt die Bibel so gut wie gar nicht. Und wenn mir Menschen erzählen, dass sie Gott eher in der Natur finden als in der Kirche, dann jedenfalls nicht den Gott, der Unterdrückte in die Freiheit führt. Die Werke Gottes sind Befreiungstaten von Anfang an.

Das Walten Gottes kann hier im Sinne des Erhaltens der Schöpfung verstanden werden. Es ist ja letztlich ein Wunder, ein Geheimnis, dass jeder Tag neu ist. Es könnte ja auch einfach nichts sein. Hören Sie zum Wunder eines jeden Tages einen Text von Adam Zagajewski:

«Die Erschaffung der Welt

Morgens, wir schliefen noch im weichen Bettzeug,
in der Geschichte, der grausamen, verschlafenen, mit Ringen
unter den Augen, mit einem Blatt Minze auf dem müden Lid,
morgens liefen Vögel aufgeregt über das blecherne
Fensterbrett und riefen nach etwas. Zornige Turteltauben,
hinter der Gardine versteckt, schrien wie bei Mozart,
dumpf: sie ist da, sie wird erschaffen auf Wiese und im Wald
und am Ufer des Teiches, dort wo Weidenruten
ihren Duft verbreiten und in den Pfützen die Meisen baden.
Steht auf, beeilt euch, der Hahn startet schon,
nach vorn gebeugt, wie ein Sprinter, der Morgen
bekommt rote Wangen, die Eulen verschwinden irgendwo, ohne
Abschied, und das Dunkel, die Fahne des Aufstands, bleicht aus.
Danach herrscht wieder Stille, als würde sich die große
Premiere verzögern, als kehrten Schlaf und Dunkel zurück,
die Leere, die Abwesenheit, das Nichts und die ihm gemäße
schwerfällige Behaglichkeit. Der Regen diktiert
ein langes, langweiliges Referat und die unsichtbaren Schreibmaschinen
auf den Dächern der Mietshäuser klopfen
ihre feuchte Orthographie, leicht, langsam, träge,
wie ein sich seiner nicht sicheres Oberhaupt eines kleinen Volkes.
Der Regen wird schließlich leiser, die Gärten nehmen den Gesang auf,
sie singen aus der Tiefe des übervölkerten grünen Herzens,
aus dem Innern der Bäume und Altanen, aus der Mitte des Laubs.
Eine Amsel taucht auf aus dem Nichts und ist sofort
vollkommen, selbstbewußt, wie alle Lebewesen,
die stolz sind ob ihrer warmen ungezählten
Eigenschaften. Der Tau spritzt im Gras
auseinander und alle seine harten Tropfen
sind separat und verschlossen, wie die Planeten.
Plötzlich taucht eine Ringelnatter, dann ein Reh auf,

ein Rentier, eine Esche und eine schwarze Pappel. Das Böse gibt sich zunächst
mit der brennenden Metapher der Brennessel zufrieden, denn es weiß,
es ist unausdrückbar, wie Talent oder Freude.
Blitzschnell entstehen immer neue Gattungen
von Tieren, und neue Länder, und Kriege, kurze
und lange Wellen, das Beil und die Schallplatte.
Die Straßenbahnen läuten mit der Schulglocke
zur großen Pause. Die Wolken schwimmen rücklings und blicken
unerschütterlich in die Sonne. Endlich wirst du
wach ...
Es wird Gewitter geben und die plötzliche Dämmerung unter der schweren
Wolke
aus Blei, es wird Hagel und versteinerte Tränen
und lange Reisen in stummen Zügen geben,
aber nicht jeder Blitz erschlägt, nicht jeder Tod
ist ein Ende und nicht jedes Schweigen ist Stille.»[11]

VI ALLES WIRD SEHR GUT

Die sehr kurze vierte, mittlere Strophe des Psalms ist von der dritten und fünften gerahmt, die die Existenz des Bösen thematisieren, und sie lautet so: «Du aber, HERR, bist in der Höhe auf ewig.» Man könnte auch übersetzen: Du aber, HERR, bist erhaben auf ewig. Hier klingt der ewige Sabbat an, von dem Licht auf den wöchentlichen Sabbat fällt. Bereits in einer jüdischen Überlieferung aus dem 2. Jahrhundert heisst es über den 92. Psalm: «Ein Psalm, ein Lied für die Zukunft, die da kommt, für den Tag, der ganz Sabbat der Ruhe ist, für das ewige Leben.»[12] «Du aber, HERR, bist in der Höhe auf ewig.» Und deshalb hat das Böse keinen Bestand, deshalb werden die Frevler vergehen und die Übeltäter zerstreut. «Erlöse uns von dem Bösen» wird wahr werden. Unsere Erfahrung angesichts des Zustandes der Erde lässt anderes befürchten. Aber wir dürfen darauf vertrauen, dass alles gut wird. Das ist wesentlich für unseren christlichen Glauben, dass wir auf einen neuen Himmel und eine neue Erde zugehen, dass wir uns auf die neue Welt Gottes ausrichten, dass das Reich der Himmel nahe gekommen ist, wie Jesus sagt. Und dass das Gute alles Böse wie Wind die Spreu zerstreuen wird.

VII DER GERECHTE UND DIE GERECHTEN

Nachdem in der sechsten Psalmstrophe, teils in Metaphern, nochmals das Rettungshandeln Gottes anklingt, folgt die letzte Strophe: «Der Gerechte sprosst wie die Palme, er wächst wie die Zeder auf dem Libanon. Gepflanzt im Haus des HERRN, blühen sie auf in den Vorhöfen unseres Gottes. Noch im Alter tragen sie Frucht, bleiben saftig und frisch, um kundzutun: Gerecht ist der HERR, mein Fels, und an ihm ist kein Unrecht.» Wird in den Versen 8 und 10 über die Frevler, die Feinde und die Übeltäter in der Mehrzahl gesprochen, so geht es jetzt um den Gerechten in der Einzahl. Auf diese Weise werden wir Hörende eingeladen, uns mit diesem Gerechten zu identifizieren. «Der Gerechte sprosst wie die Palme, er wächst wie die Zeder auf dem Libanon.» Mit diesem metaphorischen Vergleich unterstreicht der Psalmdichter das lange Leben des Gerechten. Immerhin wird eine Palme bis zu zweihundert Jahre alt und eine Zeder sogar bis zu dreitausend Jahre. Aber was macht den Gerechten zu einem Gerechten? Nach dem Angebot, uns mit dem Gerechten zu identifizieren, geht es nun in der Mehrzahl weiter. Gerechte sind diejenigen, die eingepflanzt sind im Haus des HERRN, die blühen in den Vorhöfen unseres Gottes. Diese Metapher greift die Vorstellung des auf dem Zion gelegenen paradiesischen Gottesbergs auf. Abstrahiert von dieser antiken Idee, ist gemeint, dass wir uns verwurzeln im HERRN, der erhaben ist auf ewig, im HERRN, der gerecht ist. Dass wir mit unseren Wurzeln sozusagen Gottes Gerechtigkeit anzapfen. Unsere Gerechtigkeit, das heisst unsere Gemeinschaftstreue zu anderen, wurzelt in der Gerechtigkeit Gottes, das heisst in seiner Gemeinschaftstreue zu uns. Wie aus dem ewigen Sabbat heraus Licht auf den wöchentlichen Sabbat fällt, so fällt aus der Gemeinschaftstreue Gottes zu uns Licht auf unsere Gemeinschaftstreue zu Mitmenschen. Und aus dieser Gerechtigkeit heraus entsteht Frieden und hat die Schöpfung eine Chance. «Du aber, HERR, bist in der Höhe auf ewig.» Und darum sind wir aufgefordert, «am Morgen deine Güte zu verkünden und deine Treue in den Nächten.» Zu verkünden: «Gerecht ist der HERR, mein Fels, und an ihm ist kein Unrecht.» Amen.

Im Zeichen des Regenbogens

«Und Gott sprach:
Dies ist das Zeichen des Bundes,
den ich stifte zwischen mir und euch und allen Lebewesen,
die bei euch sind, auf ewige Zeiten;
meinen Bogen stelle ich in die Wolken;
der soll ein Bundeszeichen sein zwischen mir und der Erde.»
Genesis 9,12

getaucht
in leuchtende Farben des Lichtes
als Bogen
in die Wolken geschrieben
dein Bundeszeichen
das Ja zu deiner Schöpfung
zum Leben auf der Erde
Gott
du wirst den Bund nicht brechen

doch der Mensch
nicht gewachsen dem Auftrag
zu bewahren
missachtet dieses Bündnis
schrecklich und vorstellbar
die Katastrophe
aus Menschenhand
das völlige Verschwinden
des Lebens
deines wunderbaren Werkes

wird dieser blaue Planet
öd und leer im Weltall kreisen
und kein Wesen mehr dich preisen
Quelle des Lebens

oder hast du dich
so ganz verbunden mit der Welt
als du in Christus
eingingst in das Geschaffene
dass du dies nicht geschehen lässt
ist die Zukunft dieser Erde
auch deine Zukunft

mitschuldig
an der Zerstörung
lass mich nicht
tatenlos hinnehmen
Gewalt
an Mensch und Natur
nicht reden
von Sachzwängen
nicht mich verstecken
hinter Argumenten
rüttle auf
ermutige
zum Widerstand
im Zeichen des Regenbogens
vertrauend
auf deine Zusagen
hoffend
auf deine Verheissungen
dass du einst neu schaffst
Himmel und Erde
und alles Lebendige
bergen wirst
in deinem grossen Frieden

Juni 2007

Tief unten

Lesung: Lukas 13,1-9

Psalm 88
14.6.09

Liebe Gemeinde!

I THEODIZEEKLAGE
Mit dem heutigen Predigttext mute ich Ihnen etwas zu – und mir selbst auch. Als ich mich vor einiger Zeit zum ersten Mal mit Psalm 88 beschäftigte, kam mir zu Beginn spontan der Gedanke, es handle sich um das Gebet eines Menschen in einer tiefen Depression. In Wirklichkeit ist es noch schlimmer. Über diesen Text wird sicher so gut wie nie gepredigt und wenn doch, dann allenfalls an Karfreitag. Der Psalm ist auch in der Gemeinde weitgehend unbekannt. Gleichwohl spiegelt er eine wirkliche Erfahrung – eine schlimme wirkliche Erfahrung. Und auch diese Erfahrung hat Platz und muss Platz haben neben den vielen anderen Erfahrungen, die sich in den übrigen 149 Psalmen ausdrücken.

Im Psalm klingen verschiedene Situationen an, in denen sich der Beter befindet. Sie lassen sich zusammenfassend als fundamentale Todesbedrohung beschreiben. Die Situationen sind jedoch nicht so konkret, dass man sie einem bestimmten historischen Moment zuordnen könnte. Das ist typisch für den Psalter: die Situationen der verschiedenen Beter sind zwar konkret, aber nicht zu konkret.

Genau das ermöglicht es Menschen anderer Generationen, sich die Psalmgebete zu eigen zu machen. Gehörte jeder Psalm mit einem bestimmten historischen Moment zusammen, würde sich sofort die Frage stellen: Was habe ich mit dieser längst vergangenen Angelegenheit zu tun? Dadurch jedoch, dass die Situationen der Psalmbeter genügend allgemein sind, ist eine Identifikation möglich.

Psalm 88 ist ein Klagepsalm, genauer eine Theodizeeklage. Das heisst, dass der Psalmbeter die Gerechtigkeit Gottes angesichts seiner Leiden einklagt. Zugespitzt, der Leiden, die Gott selbst verursacht hat.

II DER TEXT
Der Psalm besteht aus einer Überschrift und drei Strophen. Die drei Strophen sind jeweils mit einer Klage eingeleitet. Ich habe sie im Text kursiviert. In den rahmenden Strophen 1 und 3 folgt jeweils die Schilderung der Not. In der mittleren Strophe 2 folgt eine Appellation an Gott.

1 «Ein Lied. Ein Psalm der Korachiter. Für den Chormeister.
Nach der Weise ‹machalat› zu singen.
Ein Weisheitslied Hemans, des Esrachiters.

I

2 *HERR, Gott meiner Rettung,*
bei Tage habe ich geschrien,
in der Nacht vor dir:
3 *‹Es gelange mein Gebet zu dir,*
neige dein Ohr meinem Flehn.›
4 Denn meine Seele ist mit Leiden gesättigt,
und mein Leben berührt das Totenreich.
5 Ich zähle zu denen, die zur Grube hinabsteigen,
bin wie ein kraftloser Mann,
6 unter den Toten ein Entlassener,
Erschlagenen gleich, die im Grabe liegen,
deren du nicht länger gedenkst.
Sie sind von deiner Hand abgeschnitten.
7 Du hast mich in die tiefste Grube versetzt,
in Finsternisse und Meerestiefen.
8 Auf mich hat sich dein Grimm gelegt,
und mit allen deinen Brechern warfst du mich nieder. Sela
9 Meine Vertrauten hast du mir entfremdet,
hast mich ihnen zum Abscheu gemacht,
zum Gefangenen, und ich komme nicht heraus,
10 mein Auge vergeht vor Elend.

II
Ich habe dich gerufen, HERR, an jedem Tag,
ich habe meine Hände ausgestreckt nach dir.
11 Tust du an den Toten Wunder,
stehen Totengeister auf, dich zu preisen? Sela
12 Wird deine Güte im Grab verkündet,
deine Treue im Abgrund?
13 Werden deine Wunder in der Finsternis kund
und deine Gerechtigkeit im Land des Vergessens?

III
14 *Ich aber schreie zu dir, HERR,*
mein Gebet kommt vor dich am Morgen.
15 Wozu, HERR, verstösst du meine Seele,
verbirgst dein Angesicht vor mir?
16 Elend bin ich und dahinsterbend von Jugend an,
deinem Schrecken ausgesetzt, ich erstarre.
17 Deine Zornesgluten sind über mich gekommen,
deine Schrecknisse haben mich vernichtet.
18 Sie umgeben mich wie Wasser den ganzen Tag,
umfluten mich ganz und gar.
19 Entfremdet hast du mir Freund und Gefährten,
meine Vertrauten – Finsternis.»

III DIE DREI KLAGEN
Die drei Klagen zu Beginn der drei Strophen sind miteinander verknüpft. Es sind Verben des Schreiens und Rufens gebraucht. Die Klagen werden vor Gott geklagt: «vor dir, zu dir, nach dir, zu dir, vor dich.» Und die drei Klagen enthalten drei Momente der Steigerung. 1. Die ersten beiden Klagen erfolgten in der Vergangenheit, die letzte Klage ist in der Gegenwart gesagt. Darin drückt sich aus, dass der Beter schon über eine lange Periode leidet, wie es in V. 16 heisst: «Elend bin ich und dahinsterbend von Jugend an.» 2. Der Gottesname HERR rückt zu Beginn jeder Klage im Satz um eine Stelle nach hinten. Das ist im deutschen Text nicht so richtig zu erkennen. Darin drückt sich die Erfahrung aus, dass Gott sich vom Beter zurückgezogen hat, wie es in V. 15 heisst, «du verbirgst dein Angesicht vor mir». 3. In der ersten Klage ist von Tag und Nacht die Rede, in der zweiten vom Tag und in der dritten vom Morgen. Der Morgen ist, biblisch-theologisch gesehen, der Zeitpunkt des rettenden Eingreifens Gottes. Denken Sie zum Beispiel an die Frauen, die am Morgen das leere Grab Jesu finden. Wenn der Beter seine gegenwärtige Klage am Morgen vor Gott bringt, drückt er damit seine hohe Erwartung aus. Und diese hohe Erwartung ist angesichts des letzten Wortes «Finsternis» für das Verständnis des Psalms sehr wichtig. Dazu später. Ich komme zunächst zu den

IV NOTSCHILDERUNGEN
In den Versen 4-6 klagt der Beter seine Leiden und seine Nähe zum Tod. Um diese Klage richtig zu verstehen, müssen Sie wissen, dass es im Alten Testament zwischen Leben und Tod einen eher fliessenden Übergang gibt, nicht so punktuell wie in unserer heutigen Medizin. So zum Beispiel in V. 4-6a: «Denn meine Seele ist mit Leiden gesättigt, und mein Leben berührt das Totenreich. Ich zähle zu denen, die zur Grube hinabsteigen, bin wie ein kraftloser Mann, unter den Toten ein Entlassener, Erschlagenen gleich, die im Grabe liegen.»

Die Formulierung «unter den Toten ein Entlassener» meint, dass der Beter aus der Bindung an den HERRN herausgefallen ist. Von Gott aus gesehen, heisst das für den Beter: Gott gedenkt meiner nicht mehr, stellt mich bei sich nicht mehr präsent. So sagt es Vers 6b: «Deren du nicht länger gedenkst. Sie sind von deiner Hand abgeschnitten.» In den Versen 7-8 klagt der Beter gegenüber Gott, dass er ihn grundlos immer tiefer ins Verderben gestürzt hat. «Du hast mich in die tiefste Grube versetzt, in Finsternisse und Meerestiefen. Auf mich hat sich dein Grimm gelegt, und mit allen deinen Brechern warfst du mich nieder.»

Aber nicht nur das, nein, Gott hat ihm auch den sozialen Tod bereitet dadurch, dass er ihm alle vertrauten Menschen entfremdet hat. «Meine Vertrauten hast du mir entfremdet, hast mich ihnen zum Abscheu gemacht, zum Gefangenen, und ich komme nicht heraus, mein Auge vergeht vor Elend.»

Die zweite Notschilderung ist kürzer – um keine Langeweile aufkommen zu lassen. Sie setzt in Vers 15 mit der Wozu-Frage ein: «Wozu, HERR, verstösst du meine Seele?» Wohlgemerkt, es wird nicht nach dem Warum, sondern nach dem Wozu gefragt. Also nicht nach der Ursache des Verstossens, sondern nach dem

Ziel, das Gott damit verfolgt. Ausser, dass Gott sein Angesicht vor dem Beter verbirgt, hören wir nichts wirklich Neues. Wieder wird Gott nach den Versen 15-18 allein für die Leiden des Beters verantwortlich gemacht. «Wozu, HERR, verstösst du meine Seele, verbirgst dein Angesicht vor mir? Elend bin ich und dahinsterbend von Jugend an, deinem Schrecken ausgesetzt, ich erstarre. Deine Zornesgluten sind über mich gekommen, deine Schrecknisse haben mich vernichtet. Sie umgeben mich wie Wasser den ganzen Tag, umfluten mich ganz und gar.» Und wieder klagt der Beter in Vers 19 gegenüber Gott, weil er ihm auch den sozialen Tod bereitet hat. «Entfremdet hast du mir Freund und Gefährten, meine Vertrauten –.» Dadurch, dass die Notschilderungen in Strophe 1 und 3 sich mehr oder weniger entsprechen, entsteht eine Rahmung, in deren Mitte Strophe 2 steht.

V DIE APPELLATION

Strophe 2 ist die gewichtige Mitte des Psalms. In den Fragen fallen mehrere extreme Kontraste auf: Wunder – Tote, Güte – Grab, Treue – Abgrund, Wunder – Finsternis und Gerechtigkeit – Land des Vergessens. In Vers 11 geht es um die Toten als Personen: «Tust du an den Toten Wunder, stehen Totengeister auf, dich zu preisen?» Vers 12 spricht von Orten und der Schwelle zum Totenreich: «Wird deine Güte im Grab verkündet, deine Treue im Abgrund?» Und in Vers 13 schliesslich geht es um den Raum des Totenreiches: «Werden deine Wunder in der Finsternis kund und deine Gerechtigkeit im Land des Vergessens?»

In den meisten Kommentaren werden diese Fragen als rhetorische Fragen verstanden, das heisst als Fragen, auf die keine Antwort zu erwartet ist. Und zwar, weil der common sense besagt, dass es im Alten Testament eigentlich keine Auferweckung der Toten gibt. Nun kommt es meiner Meinung nach aber darauf an, diese Fragen als wirkliche Fragen zu verstehen.[13] Du, Gott der Wunder, der Güte, der Treue, der Gerechtigkeit, kannst du mich nicht von der Schwelle des Todes, ja aus dem Tod selbst zurückholen? Der Beter appelliert an Gott und erwartet eine Antwort. Sonst würde er nämlich am Anfang des Psalms nicht «HERR, Gott meiner Rettung» sagen. Das letzte Wort des Psalms lautet ganz pointiert «Finsternis». Aber gerade diese Finsternis veranlasst den Beter sich an den HERRN, den Gott seiner Rettung zu wenden. An wen sollte er sich auch sonst wenden? Die Wirklichkeitserfahrung des alttestamentlichen Beters ist es, in einer umfassenden Gottesbeziehung zu leben. Also ist es folgerichtig, dass er sich auch in seiner Finsternis an seinen Gott wendet. Sogar, wenn Gott diese Finsternis verursacht hat. Der Beter klagt sozusagen mit dem Gott seiner Rettung gegen den Gott, der ihm Feind ist.

VI DREI MÖGLICHKEITEN DES UMGANGS MIT DEM LEIDEN

Das ist die eine Möglichkeit des Umgangs mit einer extremen Leiderfahrung. Mit Gott gegen Gott zu klagen. Diese Möglichkeit setzt allerdings ein Gottesbild voraus, das vielen heutigen Menschen eher schwer fällt. Die Gottesbeziehung wird als umfassend vorgestellt. Alle guten, aber auch alle schlechten Erfahrungen des Menschen sind direkt von Gott verursacht. Es ist die Gotteserfahrung, die sich auch in dem bekannten Wort Hiobs ausdrückt: «Der HERR hat gegeben, der HERR hat genommen, der Name des HERRN sei gepriesen.» (1,21) Ich könnte auch sagen, dies ist die Gotteserfahrung der Orthodoxie.

Es gibt noch zwei andere Möglichkeiten des Umgangs mit einer extremen Leiderfahrung. Die erste davon ist die pädagogische Deutung des Leidens. Sie kennen sicher alle die Erzählung von der Opferung Isaaks. Abraham erhält von Gott den Auftrag, seinen Sohn zu nehmen, zu einem bestimmten Berg zu reisen und Isaak dort als Brandopfer darzubringen. Eine jüdische Auslegung deutet diese Prüfung mit dem Gleichnis vom Flachsdrescher. Flachs werde umso fester, je mehr man darauf schlage. So sei es auch bei den Gerechten. Je mehr Prüfungen sie durchliefen, desto gerechter gingen sie aus diesem Prozess hervor. Das Leiden hat dieser Deutung nach eine erzieherische Funktion. Eine solche Deutung ist meines Erachtens nur legitim, wenn man sie sich selbst gibt. Auf keinen Fall jedoch kann man das Leiden eines anderen in diesem Sinn erklären.

Die dritte Möglichkeit des Umgangs mit einer extremen Leiderfahrung besteht darin, das Leiden unerklärt zu lassen. Diese Variante wählte Jesus, wie wir in der Lesung von Lk 13,1-5 gehört haben. Der Turm von Schiloach stürzte um und begrub 18 Menschen unter sich. Jesus erklärt nicht, warum oder wozu der Turm umstürzte. Auch im Leben der Getöteten gibt es keinen Anhaltspunkt, sie sind Sünder wie alle anderen auch. Jesus lenkt den Blick weg von der Frage nach dem Warum oder Wozu hin zu einem geänderten Leben. Persönlich kann ich sagen, dass es als einziger dieser Text gewesen ist, der mich in einer besonders leidvollen Situation getröstet hat, nämlich als unser erstes Kind bereits vor der Geburt starb.

Damit möchte ich aber keine abschliessende Deutung extremen Leidens geben, sondern gerade für einen offenen Umgang mit dem Leiden werben. Wie das Leiden individuell ist, so auch seine Verarbeitung – nicht zuletzt nach dem je eigenen Gottesbild.

VI PSALM 88 IM KONTEXT

Ich komme nochmals auf Psalm 88 zurück, genauer auf seine Überschrift. «Ein Lied. Ein Psalm der Korachiter. Für den Chormeister. Nach der Weise ‹machalat› zu singen. Ein Weisheitslied Hemans, des Esrachiters.» Der Name Korachiter verbindet Psalm 88 nach hinten mit den Psalmen 84, 85 und 87. Die Korachiterpsalmen 84, 85 und 87, 88 rahmen den Davidpsalm 86, der von der Güte und Treue des HERRN handelt. Der innere Rahmen wird von den positiven Psalmen 85 und 87 gebildet, die die Gottesschau thematisieren. Drumherum stehen die beiden Bittgebete, Psalm 84 und 88. So entsteht eine Spannung zwischen der Erfahrung und Nicht-Erfahrung der Treue Gottes. Beides gehört zusammen, weil beides unserer Wirklichkeitserfahrung entspricht. Der Name Esrachiter verbindet Psalm 88 nach vorn mit Psalm 89, wo Etan, der Esrachiter vorkommt. Die individuelle Frage des Beters von Psalm 88 nach der Treue Gottes setzt sich in Psalm 89 mit der kollektiven Frage Israels nach der Treue Gottes in der Geschichte des Volkes fort.

Psalm 88 ist also eingebunden in andere individuelle und kollektive Erfahrungen. Und gerade dadurch kehrt sich Psalm 88 sozusagen um. Fängt der Psalm mit dem Schrei «HERR, Gott meiner Rettung» an und endet mit «Finsternis», so liest er sich im Kontext der übrigen Psalmen so: Bei mir ist die Finsternis, aber du bist der HERR, der Gott meiner Rettung. Amen.

Harte Nuss

steinharte Nuss
fest gewölbt
die Schale
geschützt
der kostbare Kern
bestimmt
zu neuem Leben

trotziges Herz
granitharte Nuss
verschlossen dir
lebendiger Gott

dennoch zuinnerst
ein Ahnen
nagende Furcht
dass mögliches Leben
verschimmelt
vermodert
vertrocknet

geheime Sehnsucht
nach Befreiung
aus der Enge
nach Frühlingsregen
nach nährendem Erdreich
nach wärmendem Licht

Gott
ob du auch
die härteste Nuss
erweckst zum Keimen

nicht gewaltsam
willst du sie knacken
nicht zermalmen
den Kern
deine berührende Liebe
sprengt das Gefängnis
ein zarter Schoss
bezwingt die Schale
und wäre sie
noch so widerständig
und hart wie Stein

wahres Leben spriesst
und wurzelt in dir
Quelle alles Lebendigen

wie ein Baum
im Sonnenlicht
gedeiht es
wächst auf
in deiner Kraft
und trägt reiche Frucht

Oktober 2008

Verfolgt

Lesung: 1. Samuel 18,5-16
Lesung: 1. Samuel 21,11-16

Psalm 56
17.10.10

Liebe Gemeinde,
die Überschrift des 56. Psalms verknüpft den Text mit Davids Flucht nach Gat, von der wir in der Lesung gehört haben. Vers 1 lautet so: «Dem Musikmeister. Nach ‹Taube der fernen Götter›. Von David, ein Lied, als die Philister ihn in Gat ergriffen.» Die literarische Verknüpfung der beiden Texte stimmt nicht ganz, denn wir hörten in der Lesung ja nicht direkt, dass David von den Bewohnern der Stadt Gat bedroht wurde. Das kann man so verstehen, dass die beiden Texte sich gegenseitig interpretieren. Im Samueltext erfahren wir, weshalb David überhaupt flüchten muss, wohin er sich wendet und dass ihn eine List rettet. Im Psalm hingegen hören wir, dass die Situation in Gat doch ernster war, als es zunächst den Anschein hatte. Hören Sie das Gebet des Flüchtlings David:

2 «Sei mir gnädig, Gott,
denn ein Mensch stellte mir nach,
den ganzen Tag bedrängte mich ein Kämpfender.
3 Meine Feinde stellten mir nach den ganzen Tag,
ja, viele sind die mich Bekämpfenden voll Hochmut.

4 Am Tag, an dem ich mich fürchte,
vertraue ich dir.
5 Auf Gott – ich preise sein Wort –,
auf Gott vertraue ich, ich fürchte mich nicht.
Was kann Fleisch mir tun?

6 Den ganzen Tag kränken ihre Worte mich,
gegen mich sind alle ihre Gedanken zum Bösen.
7 Sie greifen an, sie lauern auf,
sie beobachten meine Spuren,
denn sie trachten mir nach dem Leben.
8 Trotz Unrecht soll es Entkommen für sie geben?
Im Zorn, stürze die Leute hinab, Gott!
9 Mein Umherirren zählst du selbst.
Sammle doch meine Tränen in deinem Schlauch!
Ist nicht alles in deinem Buch?

10 Dann weichen meine Feinde zurück,
am Tag, an dem ich rufe.

Dies weiss ich, dass Gott für mich ist.
11 Auf Gott – ich preise sein Wort –,
auf den HERRN – ich preise sein Wort –,
12 auf Gott vertraue ich, ich fürchte mich nicht.
Was kann ein Mensch mir tun?

13 Auf mir, Gott, liegen die Gelübde für dich,
ich will erfüllen die Danksagungen für dich.
14 Denn du hast mein Leben aus dem Tod gerissen,
ja, meine Füsse vor dem Sturz,
zu gehen vor Gottes Angesicht im Licht des Lebens.»

Soweit der Psalm. Ich vermute, dass niemand von Ihnen, die hier im Gottesdienst sind, verfolgt wird. Ist demnach eine Predigt über Psalm 56 hier und heute überflüssig? Ich denke nicht, denn am Beispiel von David hörten wir, dass er ganz ohne sein Zutun aufgrund einer Kleinigkeit zum Verfolgten, zum Flüchtling wurde. Die Frauen sangen: «Saul hat seine Tausende erschlagen, und David seine Zehntausende.» Das weckte Sauls Neid und seine Eifersucht. Etwas Vergleichbares kann schnell geschehen – auch heute.

Vielleicht erinnern Sie sich an Beat Allerwelt und Helen Prinzlo. Ich hatte sie 2006 für eine Predigt über Psalm 73 erfunden. Beat Allerwelt ist der reiche Besitzer einer Glashütte mit dreihundertdreissig Angestellten. Die Glashütte ist der grösste Arbeitgeber der Kleinstadt. Beat war zu der Zeit ein zwielichtiger Playboy, ein quirliger Tausendsassa, ein Hansdampf in allen Gassen. Helen Prinzlo hatte damals eine Teilzeitstelle als Graphikerin. Sie engagierte sich schon seit Jahren in der Jugendarbeit der Kirchgemeinde und im Elternverein und war im Alter von 31 Jahren an kaum heilbarer Leukämie erkrankt. Die beiden konnten damals, trotz einer gewissen Sympathie füreinander, nicht zusammenkommen, weil ihre Wertvorstellungen einfach nicht harmonierten und Beat zudem noch verheiratet war. Wie durch ein Wunder überwand Helen dann 2007 die Leukämie, gab 2008 Beats Werben doch noch nach und zog in Beats Villa. Durch diese Beziehung hat Beat sich verändert, der unter anderem anfing, den Gottesdienst zu besuchen und sich plötzlich auch zwei Katzen in seiner Villa vorstellen konnte.

Dann kam im Herbst 2009 die Weltwirtschaftskrise, die auch an Beats Glashütte nicht vorbeiging. Beat war gezwungen, alle dreihundertdreissig Angestellten auf Kurzarbeit zu setzen. Weihnachten war die Stimmung in der Belegschaft schlecht. Im Januar 2010 brachen die Aufträge erneut ein und Beat entliess fünfundzwanzig Beschäftigte. Aus Wut besetzte die Belegschaft die ganze Glashütte, legte die Arbeit lahm und forderte die Wiedereinstellung. Nur aufgrund der Vermittlung Helens entspannte sich die Lage wieder.

Dann Anfang Februar, Beat war gerade auf dem Weg zur Bank, um eine Hypothek auf seine Villa aufzunehmen, damit er nicht noch mehr Arbeiter entlassen musste, rollt ein Ball auf die Strasse. Hinterher läuft Lara, die Tochter von Marianne Huber, die bei Beat in der Abteilung Verpackung arbeitet. Beats Wagen erfasst Lara und verletzt sie schwer. Danach kippt die Stimmung in der Kleinstadt um. Beat kann sich kaum noch aus dem Haus wagen. Am Morgen des 18. Februar, ein Donnerstag, findet Helen eine ihrer beiden Katzen tot vor dem Haus. Über Tag gehen die üblichen Drohanrufe und Drohmails ein. Dann gegen 18.30 Uhr zerbirst plötzlich die grosse Scheibe des Wohnzimmers der Villa und ein Brandbeschleuniger rollt durch den Raum. Im Nu haben die Vorhänge Feuer gefangen und der Raum steht in Flammen. Bis die Feuerwehr kommt, hat das Feuer schon auf das Treppenhaus übergegriffen, aber es gelingt in letzter Minute zu verhindern, dass das ganze Haus abbrennt. Jetzt könnte Beat Psalm 56 beten – und wir nehmen jetzt für den weiteren Verlauf der Predigt an, dass er das tatsächlich gemacht hat. «Sei mir gnädig, Gott, denn ein Mensch stellte mir nach, den ganzen Tag bedrängte mich ein Kämpfender. Meine Feinde stellten mir nach den ganzen Tag, ja, viele sind die mich Bekämpfenden voll Hochmut.»

Der Psalm beginnt mit einer Bitte um Gottes Gnade und ist damit eindeutig als Gebet ausgewiesen. Dann ist von den Feinden in der Einzahl und in der Mehrzahl die Rede. Das will sagen, dass der Beter zwar viele Feinde hat, die einzelnen feindlichen Aktionen aber immer von Individuen ausgehen. Einer schreibt eine Drohmail, ein anderer wirft den Brandsatz. Es schliesst sich ein erstes Vertrauensbekenntnis an. «Am Tag, an dem ich mich fürchte, vertraue ich dir. Auf Gott – ich preise sein Wort –, auf Gott vertraue ich, ich fürchte mich nicht. Was kann Fleisch mir tun?» Genau an dem Tag, am 18. Februar 2010, an dem alle gegen mich sind und ich mich fürchte, da vertraue ich auf Gott und preise sein Wort.

Welches Wort Gottes ist hier gemeint? Wohl nicht die Bibel insgesamt, sondern einzelne Zusagen und Verheissungen, zum Beispiel ein Wort aus Genesis 1,31: «Und Gott sah alles an, was er gemacht hatte. Siehe, es ist sehr gut.» Was Beat noch nicht sieht, ihn aber trotzdem tröstet, und was viele von uns auch nicht sehen, das sieht Gott schon: Die Schöpfung ist sehr gut. Was Gott schon sieht, das muss für uns noch wahr werden, dass die Schöpfung sehr gut ist und der Weg der Frevler vergeht, wie Psalm 1 weiss.

Ein anderes Wort Gottes könnte Psalm 55,23 sein: «Wirf deine Last auf den HERRN, er wird dich versorgen, den Gerechten lässt er niemals wanken.» Wer auf diese oder ähnliche Zusagen und Verheissungen vertraut, dem können feindlich gesonnene Menschen nichts mehr anhaben. «Was kann Fleisch mir tun», betet der Dichter des Psalms. Und mit Psalm 18,3 könnte man sagen: «Der HERR ist mein Fels, meine Festung und mein Retter, mein Gott, mein Hort, bei dem ich Zuflucht suche, mein Schild und das Horn meiner Hilfe, meine Burg.» Sich festmachen in Gott, das ist ein erster Trost für Beat Allerwelt, der den beissenden Rauch seiner halb verbrannten Villa noch in der Nase spürt.

Aber schon holt ihn die Wut auf seine Widersacher wieder ein. «Den ganzen Tag kränken ihre Worte mich, gegen mich sind alle ihre Gedanken zum Bösen. Sie greifen an, sie lauern auf, sie beobachten meine Spuren, denn sie trachten mir nach dem Leben.» Dem tröstenden Wort Gottes, das Beat preist, stehen noch immer die kränkenden Worte der Leute aus Beats Kleinstadt gegenüber.

Und den Brandanschlag kann man wirklich nicht anders als das Trachten nach Beats Leben verstehen. Die Wut muss raus und Beat schreit zu Gott: «Trotz Unrecht soll es Entkommen für sie geben? Im Zorn, stürze die Leute hinab, Gott!» Der Wutausbruch ist aber nur von kurzer Dauer. Es folgen drei Bilder, die die Zuversicht ausdrücken, dass alles Leid bei Gott aufgehoben ist. «Mein Umherirren zählst du selbst. Sammle doch meine Tränen in deinem Schlauch! Ist nicht alles in deinem Buch?»

Die drei Bilder empfinde ich als sehr eindrücklich. Alles verzweifelte Herumirren des Beters wird bei Gott von ihm selbst exakt wahrgenommen, ja im Einzelnen gezählt. Alle seine Tränen sollen in Gottes Flüssigkeitsbehälter gesammelt werden. Damit soll explizit die materielle Seite des Leidens bewahrt werden. All dies ist in Gottes Buch des Lebens notiert. Damit ist Gottes Gedenken des Leidens möglich.

Diese Zuversicht führt den Psalmbeter zu einem Bekenntnis der Hoffnung für seine momentane Situation: «Dann weichen meine Feinde zurück, am Tag, an dem ich rufe. Dies weiss ich, dass Gott für mich ist.» Die Lage wird sich ändern, die Feinde werden nicht gewinnen, auch nicht die Widersacher Beats. Und aus dieser zuversichtlichen Hoffnung erwächst ein weiteres Vertrauensbekenntnis, ähnlich dem aus Vers 5: «Auf Gott – ich preise sein Wort –, auf den HERRN – ich preise sein Wort –, auf Gott vertraue ich, ich fürchte mich nicht. Was kann ein Mensch mir tun?» Dieses Vertrauensbekenntnis ist gegenüber dem ersten gesteigert. War in Vers 5 von einem einmaligen Preisen des Wortes Gottes die Rede und danach von kränkenden Worten der Widersacher, so wird das Wort Gottes jetzt doppelt gepriesen, während von kränkenden Worten der Gegner keine Rede mehr ist. Das Vertrauen des Beters wächst folglich im Prozess des Betens. Ja, er ist sich jetzt seiner Rettung schon so sicher, dass er dafür dankt, als wäre sie bereits definitiv geschehen, und ankündigt, Gelübde zu erfüllen. «Auf mir, Gott, liegen die Gelübde für dich, ich will erfüllen die Danksagungen für dich. Denn du hast mein Leben aus dem Tod gerissen, ja, meine Füsse vor dem Sturz, zu gehen vor Gottes Angesicht im Licht des Lebens.»

Die angekündigten Gelübde der Danksagungen können auf zweifache Weise verstanden werden. Sie können als eine reale Dankgabe gemeint sein. In unserem modernen Kontext könnte das zum Beispiel eine reichhaltige Kollektengabe im Gottesdienst sein. Mir scheint jedoch, dass es um etwas anderes geht. Die Gott gelobten Danksagungen sind vielleicht eher zu verstehen als das Gehen vor Gottes Angesicht im Licht des Lebens selbst. Das Gehen vor Gottes Angesicht wird hier mit Hilfe der Sonnenmetapher «Licht des Lebens» verdeutlicht. Wahres Leben vor und mit Gott ist gemeint. Der Beter hat jetzt im Gebet so viel Vertrauen geschöpft, dass ihm dieses wahre Leben möglich erscheint. Und wer vor Gott im Licht des Lebens lebt, der wird Wege zum Ausgleich mit den Widersachern finden – auch Beat. So wie Jesus sagt: «Liebt eure Feinde und betet für die, die euch verfolgen.» (Matthäus 5,44). Amen.

Zu-Flucht

«Der HERR ist mein Fels, meine Festung und mein Retter,
mein Gott, mein Hort, bei dem ich Zuflucht suche,
mein Schild und das Horn meiner Hilfe, meine Burg.»
Psalm 18,3

verfolgt
von Feinden umzingelt
im Zwielicht ein lauernder Blick
sind da nicht Schritte
eine Faust schlägt zu
schon fällt ein Schuss
kein spannender Kriminalroman
schreckliches Szenario
für viele Menschen
bedrückende Wirklichkeit

leicht und kaum bedrohlich
unser Alltag im Vergleich
doch wer nicht der Norm entspricht
wird ausgegrenzt und spöttisch übergangen
die Konkurrenz schläft nicht
tischt Lügen auf und wertet lieblos ab
Mobbing ist salonfähig
der Markt spielt gnadenlos
Schwächen werden ausgenutzt
Kult sind Leistung Schönheit Jugend

wir sehnen uns nach Frieden
nach einem Ort der Zu-Flucht
wenn Feindschaft uns entgegenschlägt
glücklich wer zu beten wagt
mein Gott mein Retter
nicht irgendeine höhere Macht
der HERR Quell allen Lebens
birgt uns und kann bewahren
vor Rachsucht und vor Bitterkeit
felsenfest umschliesst uns seine Liebe

März 2011

[1] *mAbot*, I,12

[2] Das hebräische Wort *erez* kann sowohl Land als auch Erde bedeuten. Das Land steht pars pro toto für die ganze Erde.

[3] *Gesangbuch der Evangelisch-reformierten Kirchen der deutschsprachigen Schweiz,* Basel, Zürich 1998. Das Lied ist eine Nachdichtung von Psalm 62.

[4] RG 162, im deutschen Evangelischen Gesangbuch sind es von Lied 165 die Strophen 1 und 5 bis 6.

[5] Der Name Prinzlo enthält ein Wortspiel: *l'* ist die hebräische Verneinung. Prinzlo = ohne Prinz.

[6] *Einsprüche*, München, 1973, 14.

[7] «Der Hüter Israels» ist die Überschrift des Psalms in der Zürcher Bibel von 1931.

[8] *Bereschit Rabba*, I.

[9] *Bereschit Rabba*, II.

[10] *Mechilta de Rabbi Jischmael,* V.

[11] Adam Zagajewski, *Mystik für Anfänger*, München, Wien, 1997, 42f.

[12] *mTamid*, VII,4.

[13] Darauf wies hin F. Crüsemann, «Rhetorische Fragen!? Eine Aufkündigung des Konsenses über Psalm 88:11-13 und seine Bedeutung für das alttestamentliche Reden von Gott und Tod», *Biblical Interpretation* 11, 3/4, 345-360.